子どもの学びが
深まる・広がる

通知表所見
文例集

小学校
中学年

評価実践研究会

［著］

JN097717

東洋館出版社

はじめに

　「生きる力」の育成を目指し、資質・能力を3つの柱で整理して社会に開かれた教育課程の実現に向けて改訂された『新学習指導要領』の完全実施に伴い、令和2年3月26日『「指導と評価の一体化」のための学習評価に関する参考資料』が提示されました。そこで、何回かの改訂を試みながら発刊してきました本書でありますが、今回は時間をかけて新しい3観点の研究を行い、若い教師からベテラン教師まであらゆる先生方に参考にしていただけるように全面改訂をいたしました。

　本シリーズを古くから「愛読書」として親しんできていただきました読者から「新しい単元に入る前には必ず本書を読み、『付けたい力』の参考にしていた」とのメッセージがあります。この話を聞き、感動したことを忘れません。このような読者の期待を裏切らないように、各教科の代表的な単元に合わせてできる限り具体的な表記になるように各執筆者が工夫を凝らしました。もちろん、各自治体で採用されている教科書によって教材が違いますので、その部分も加味して参考文例を考えました。

　かくして、「次の単元の押さえどころは?」というPlanに始まり、「授業!」Do、「日々の授業の中での評価!」Check、「授業改善に生かす!」Action、「記録をする!」Recordに活用できる文例集を目指して編集しました。学年に1冊ではなく、1人1冊を目指して全国の教師の愛読書となるべく研究を進めてきました。今回は、時代に合わせてCD-ROMもつきますが、そのままコピー&ペーストをするのではなく、細部にわたってはクラスの実態や子どもの実態に合わせて工夫をお願いしたいと思います。

　本書では、「指導と評価の一体化」を行うための具体を示しています。未来が全く予期できない世の中で「持続可能な開発のための教育(ESD)」の実現に向けて全力で子どもたちと立ち向かう先生方の少しでも力になればと、本書を刊行いたします。

　このような本書の意図が読者の皆様に受け入れられてgoods(グッズ)として効用を与えることができるなら、編集者、著者ともに望外の喜びであります。本書の作成に当たり、東洋館出版社の近藤智昭氏、村田瑞記氏には編集者の視点に立って本書の質的向上に努めてくださいました。ここに紙面を借り心より謝意を表します。

　令和2年6月

評価実践研究会

新しい学習評価

1　評価規準の観点

　新学習指導要領では、各教科等の目標や内容を「知識及び技能」「思考力、判断力、表現力等」「学びに向かう力、人間性等」の資質・能力の3つの柱で整理しています。そのため、新学習指導要領の下での指導と評価の一体化を推進する観点から、観点別学習状況の評価の観点についても、これらの資質・能力に関わる「知識・技能」「思考・判断・表現」「主体的に学習に取り組む態度」の3観点に整理することとされました。

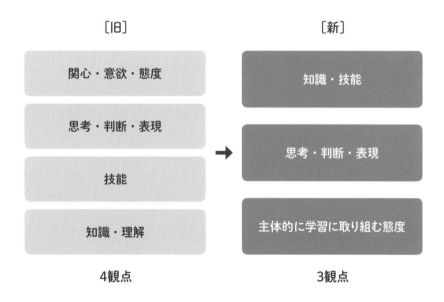

2　資質・能力の3つの柱をどのように評価するか

　「知識・技能」「思考・判断・表現」「主体的に学習に取り組む態度」を適切に評価していくためにも、今回示された学習評価についての基本的な構造を理解する必要があります。

図　各教科における評価の基本構造

各教科における評価は、学習指導要領に示す各教科の目標や内容に照らして学習状況を評価するもの（目標準拠評価）。
したがって、目標準拠評価は、集団内での相対的な位置付けを評価するいわゆる相対評価とは異なる。

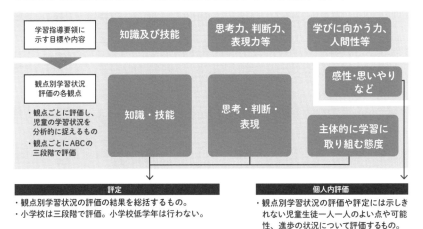

※外国語活動や総合的な学習（探究）の時間、特別の教科である道徳、特別活動についても、それぞれの特質に応じ適切に評価する。

　　上の図は、「学習指導要領に示す目標や内容」と「観点別学習状況評価の各観点」の関係と、それをどのような形で評価するか（評定・個人内評価）を示しています。

　　特に、「主体的に学習に取り組む態度」の観点について考える際には、まず、資質・能力の柱である「学びに向かう力、人間性等」との関係を読み解く必要があります。この点については、❶主体的に学習に取り組む態度として観点別学習状況の評価を通じて見取ることができる部分と、❷観点別学習状況の評価や評定にはなじまない部分があることに留意する必要があります。そのため、「主体的に学習に取り組む態度」は次のように評価していきます。

❶ 知識及び技能を獲得したり、思考力、判断力、表現力等を身に付けたりすることに
向けた粘り強い取組の中で、自らの学習を調整しようとしているかどうかを含めて評
価する。

❷ 評価や評定にはなじまない部分は、個人内評価（子ども1人1人のよい点や可能性、
進歩の状況について評価するもの）等を通じて見取るべきで、特に「感性や思いや
り」など子ども1人1人のよい点や可能性、進歩の状況などについては、積極的に
評価し子どもに伝える。

5

通知表記入に当たっての留意点

1 他の子どもと比べた記入はNG。その子の成長を記入する

　所見は、個の成長を本人とその保護者に知らせるものです。また、どうしたら成長できるのかを、個に合わせて助言するものです。したがって、「～と比べて」「○○さんは～でしたが、□□さんは…」などの表現は、子どもの気持ちを落ち込ませてしまう場合があるので避けましょう。また、保護者の受け止めも非常に悪いものになるので注意しましょう。

2 子どもの様子を具体的に書こう!

　通知表は、主に保護者が見て、子どもの様子を知るものです。できるだけ具体的に書き、時には保護者の協力を求めることも必要です。例えば、「かけ算の方法については分かっています。応用問題にも…」「歴史については理解が深まりました。さらに政治について…の指導をしてきました」「クロールが25m泳げるようになりました。平泳ぎも泳げるようにがんばっていました」というように記入すれば、その子が何を学習してきたのか、また何が足りなかったのかが分かるでしょう。

3　子どものよいところを書くようにしよう！

　通知表を記入するに当たっては、どんな子どもでも、その子のよい面を探して書くことが大切です。子どもたちは、よい面を評価されたことで、教師を信頼するようになり、また、意欲的になっていきます。欠点を書くことが必要な場合もありますが、そのような折はどこかで必ずフォローするようにしましょう。

4　意欲の継続を褒めるようにしよう！

　子どもを褒める文例を書く際は、素質などよりも、意欲の継続を褒めるようにしましょう。そのため、日々の授業では、子どもが自らの理解の状況を振り返ることができるような発問の工夫をしたり、自らの考えを記述したり話し合ったりする場面、他者との協働を通じて自らの考えを相対化する場面を、単元や題材などの内容のまとまりの中で設けたりするなど、「主体的・対話的で深い学び」の視点からの授業改善を図る中で、自らの学習を調整しようとしたり、粘り強く取り組んでいる様子を適切に評価できるようにしていくことが重要です。

5　保護者に信頼される通知表を！

　保護者は通知表を通して、子どもの学校生活の様子を知ることになります。そのため、子どもの人格や家庭環境などにはふれず、子どもたちを励まし、今学期、何をどれだけがんばってきたのかを示し、保護者の信頼を得る文章を心がけましょう。

I 章

学校生活の様子
〈指導要録の項目別〉

◎　よくできる子に対する文例

○　おおむねできる子に対する文例

△　もう少しの子に対する文例

学校生活の様子

指導要録の観点とその趣旨	
観点	趣旨
❶基本的な生活習慣	●安全に努め、物や時間を有効に使い、礼儀正しく節度のある生活をする。
❷健康・体力の向上	●心身の健康に気を付け、運動をする習慣を身に付け、元気に生活をする。
❸自主・自律	●自らの目標をもって進んで行い、最後までねばり強くやり通す。
❹責任感	●自分の言動に責任をもち、課せられた役割を誠意をもって行う。
❺創意工夫	●自分でよく考え、課題意識をもって工夫し取り組む。
❻思いやり・協力	●相手の気持ちや立場を理解して思いやり、仲よく助け合う。
❼生命尊重・自然愛護	●自他の生命を大切にし、生命や自然のすばらしさに感動する。
❽勤労・奉仕	●働くことの大切さを知り、進んで働くようにする。
❾公正・公平	●相手の立場に立って公正・公平に行動する。
❿公共心・公徳心	●約束や社会のきまりを守って公徳を大切にし、人に迷惑をかけないように心掛け、のびのびと生活する。

1 基本的な生活習慣

評価のチェックポイント

- 休み時間や給食、掃除の時間など安全に気をつけて活動をしているか？
- 学校生活では時間を守り、自分の持ち物や与えられた物を大切に使ったり、片づけたりしているか？
- 心のこもったあいさつや、けじめのある行動をしているか？

◎ 休み時間や給食の時には、明るい笑顔で楽しく過ごすことができました。また、身の回りが整頓されていて好感がもてます。

○ 清掃時間には、すみずみまできれいに掃除をしていました。また、朝や帰りのあいさつもきちんとできるので、さわやかな印象を受けました。

○ 朝、教室へ行くと「おはようございます」という元気な声であいさつをしています。1日を気持ちよくスタートさせることができました。

○ 休み時間になると友達を誘って元気に外遊びを楽しんでいます。ボールやなわなどを使ったら元の場所に返し、大切に扱っています。また、学習の時間には遅れないように気をつけている様子が見られます。

△ 廊下や階段を、走らずきちんと歩くよう心がけていました。授業や掃除の時間を守って行動できるよう指導しています。

△ 1つの活動が終わると、机の上や床の上に片づけ忘れた物を見かけることがあります。物を大事にする心を育てる上でも、自分の持ち物を大切に整理・整頓できるよう指導を続けています。

△ 休み時間には友達と元気よく遊んでいましたが、時々遊びに夢中になって時間や周りの危険に気づかない面も見られました。周りの様子にも気を配りながら活動できるよう指導しています。

2　健康・体力の向上

◎　休み時間になると友達を誘って運動場に出て行き、遊具やボール遊びで元気に遊び、明るく学校生活を送ることができました。

○　休み時間になると、元気に運動場へ飛び出していきます。サッカーが大好きで、友達と楽しく遊ぶ姿をよく見かけました。

○　休み時間には外で元気に遊んでいます。うがい、手洗いの習慣もしっかりと身についています。

○　外遊びの後に、毎日しっかりと手洗いやうがいをしています。また、洋服の脱ぎ着も丁寧に行うことができます。自分の健康を考えるということがきちんと身についているのは、素晴らしいことです。

△　給食前の手洗いや給食後の歯みがきを忘れずにしていました。休み時間は教室で読書をすることが多いのですが、外で元気に遊ぶことも大切なので、外でも遊ぶように声をかけています。

△　休み時間に教室で本を読んだり、友達と話などをしたりして静かに過ごすことが多かったです。天気のよい日にはできるだけ外で遊ぶように呼びかけています。

△　自分の意にそぐわないことが起きた時に、相手に対して強く言いすぎてしまう場面を何度か見かけました。「相手の気持ちを考え、自分の伝えたいことを穏やかに説明できるようになろう」と助言しています。

3 自主・自律

評価のチェックポイント

- ●自分なりのめあてをもって生活をしているか？
- ●自分の役割を自覚し、係や当番の仕事などを進んで行っているか？
- ●やり始めたことは最後まで粘り強くやり遂げているか？

◎ 今学期のはじめに「毎日日記をつける」という目標を立て、1日も欠かさずに続けることができたのは大変立派です。

○ 日直の時には進んで号令をかけ、朝の会・帰りの会の司会でもハキハキとクラスの意見をまとめてくれました。

○ 「楽しい学校生活を送りたい」という気持ちをもって前向きに生活しています。「なりたい自分」に近づけるように努力している姿は見ていて気持ちがよいです。

○ 友達と生き物係をつくりました。ザリガニが棲みやすいように水そうの中の環境を改善したり、話し合って当番する日を決め、水の取り替えや世話を欠かさずやり遂げることができました。

△ ○○係の友達に誘われて○○の仕事をすることができました。自分から進んで仕事を行ったり、見つけたりできるように励ましてきました。

△ 日直や○○係の仕事は友達と協力してやることができました。学期の初めに立てた自分のめあてを忘れずに、粘り強くやり遂げられるとさらによいと思います。

△ 係の仕事には積極的に立候補し、やる気を見せてくれるのですが、途中で無理だと自分からあきらめてしまうことがありました。「○○さんならやればできるよ」と励ましてきました。

4 責任感

◎ 日直や当番の仕事を誠意をもって行っています。また、「みんなのために自分ができることをしよう」という意識をもっています。誠実な態度で物事に取り組むので友達からも信頼されています。

○ ○○係として、自分の役割である○○の仕事にまじめに取り組んでいました。

○ 学年○○集会の実行委員として、クラスの意見を実行委員会に反映させ、みんなが楽しめる集会のプログラムづくりや、当日の運営の仕事に意欲的に取り組んでいました。

○ クラスのめあてを決める際には、自分の考えをはっきりと述べ、みんなの賛同を得ました。また、そのめあてに向かってよりよい行動をしようと努力することもできました。

△ クラスのみんなで相談して決めた約束を、きちんと守って生活しようとしている姿がうかがえました。さらに、学級活動などの話合いの時に自分の意見をはっきり言えるよう励ましてきました。

△ ○○係としての○○の仕事を忘れて遊びに行ってしまうことがありました。忘れずにできた時には褒めて、自分からやる気を出すように指導してきました。

△ 行事の実行委員に進んで立候補しています。一方で、途中で仕事を投げ出してしまうことがありました。多少自分の時間を使ってでも、みんなのためにという気持ちは尊いものだということを話しています。

5 創意工夫

評価のチェックポイント

●学校生活をより楽しくしようとするアイデアを出しているか？

●自分が興味をもったことを調べ、みんなに伝えようとしているか？

●自分の考えに固執せず、友達の考えなども取り入れながら多面的に物事をとらえているか？

◎ クラスの集会でみんなが仲よくドッジボールができるよう、工夫したルールを仲間に提案してくれたので、いろいろな子が楽しめるゲームになりました。

○ 学級活動の話合いの時に、アイデアのある建設的な意見がよく聞かれました。また、休み時間の遊びでも工夫した遊びを提案して友達と楽しく過ごしていました。

○ ○○係では、みんなが楽しくなるようなアイデアを出して、それを実行していました。おかげでクラスの生活が明るく楽しくなりました。

○ ○○係では、学習で取り上げた内容をもとに、さらに詳しい情報を調べて新聞に載せるなど、アイデアが豊富で楽しい紙面づくりを心がけていました。

△ 自分がやりたいことへの思いが強く、友達からのアドバイスを受け入れられないことがありました。いろいろな考え方があることを、伝えてきました。

△ 自分のやりたいことをしっかりと意識して活動しています。よりよくするために工夫したり、友達の考えを取り入れたりするようになるとさらに活動が充実すると伝えました。

△ ○○係の仕事を友達と協力して行っています。もっと楽しく、もっと気持ちよく生活するにはという思いをもつことは、自分を磨くためにも大切なことです。そのために、自分の思いをまず伝えてほしいと指導してきました。

6 思いやり・協力

◎ 友達の失敗にも「大丈夫だよ」と励ましたり、1人でいる子に「どうしたの？」と声をかけたりして友達を思いやる姿勢は、○○君のよさです。

○ ○○係として学級のために熱心に活動していました。また、異学年のグループ活動では低学年の子の面倒をよく見ている姿が印象に残りました。

○ ○○集会の時に、ゲームのやり方が分からずに困っている友達に声をかけて、一緒に行っていました。思いやりの心がその場の雰囲気を盛り上げてくれました。

○ 困っている友達に対し、「どうしたの？」とやさしく声をかけている姿を見かけました。温かい気持ちが伝わってきました。

△ 仲のよい友達と、毎日楽しく遊んでいます。いろいろな子と仲よく活動することの楽しさを味わってほしいと考え、支援しています。

△ 明るくて自分の思ったことを率直に表現できることはよいことですが、相手の気持ちを考えることもとても大切なことです。「自分も相手も同じくらい大切に思えたらいいね」と話しています。

△ まず自分のやりたいことが先にあり、他の子の考えのよさを受け入れにくい時が見受けられます。グループでの学習や係の活動などで友達との関わりを大切にし、協力して成し遂げるよさを実感できるよう指導しました。

7 生命尊重・自然愛護

> **評価のチェックポイント**
>
> ●あるゆる命について理解し、その素晴らしさを感じているか？
>
> ●動植物への関心をもち、身の回りの動植物と進んで関わろうとしているか？
>
> ●校外学習や遠足などでは、自然の素晴らしさや大切さを感じているか？

◎ クラスで飼っているメダカを夏休みにどう世話をするかという話合いで、「メダカがかわいそうだから1匹ずつでも誰かに預かってもらったらどうか」という考えを出し、自らも預かることを申し出ていました。

○ 学級園の野菜や花の世話を一生懸命にしたり、校外学習の時に野草のスケッチを丁寧にかいたりするなど、植物に対する関心の高さがうかがえました。

○ 朝学校へ行くと、パンジーに水やりをしている○○さんの姿をよく見かけました。植物に対する優しい気持ちが伝わってきました。

○ 校外学習に出かけた時に、教室の中と同じようにごみを拾っている姿に感心しました。自然の素晴らしさを感じたり、自然を大切にしている姿勢は素晴らしいと思います。

△ 校外学習では、友達と楽しくいきいきと活動していました。「時には自然の美しさや素晴らしさにも目を向け、耳を傾けてみよう」と声をかけています。

△ 生き物を育ててみたいという前向きな気持ちはとてもよいのですが、自分で捕まえてきたザリガニにエサをやり忘れたり、育てていたホウセンカを枯らしてしまったりすることがありました。生き物にも命があることや、命の大切さについて話をしました。

△ 遊びに夢中になって育てている花への水やりを忘れてしまうことがありました。花を育てることにも目が向くように声かけをしています。

8 勤労・奉仕

- ●係や給食当番、清掃などの仕事の大切さを知り、一生懸命に行っているか？
- ●係や給食当番、清掃などで、自分の仕事が終わっても進んで他の仕事を手伝っているか？
- ●人の嫌がる仕事でも進んで引き受けて行っているか？

◎ ○○係の仕事を、みんなのことを考えて熱心にやっている姿が見られました。また、清掃活動でも進んで床拭きやゴミ集めの仕事をしている意欲的な態度がうかがえました。

○ 掃除の時に、流しの排水溝の内側まで洗っていたのには驚きました。人の気がつかない細かいところまで丁寧に見て、きれいにしていました。

○ 清掃の時間には、熱心にほうきでごみを集めたり、雑巾がけをしたりすることができました。

○ 掃除の時間におしゃべりをしないで熱心に働く姿はみんなのお手本です。「きれいになると気持ちがいいよ」という○○さんの言葉がとても印象に残っています。

△ 学級の○○係の仕事を友達と協力し合って、一生懸命にやっている姿が印象に残りました。さらに、自分から進んで仕事を見つけたり、友達を誘ったりしながら活動できるよう声をかけました。

△ 掃除の時間に友達がまだ掃除をしているのに「もう終わったよ」と1人で教室に戻ってくることがありました。隅々までもう一度点検したり、友達を手伝ったりして時間いっぱいまで掃除をするように指導しています。

△ 給食当番や清掃など決められた当番活動では、他のことに気を取られ、自分のやるべき仕事が十分に果たせず、友達に手伝ってもらいながらやり遂

げるという場面を何度か見かけました。決められた仕事ができるということ
は、集団生活をする上でとても大切ですので、丁寧に指導してきました。

9 公正・公平

評価のチェックポイント

●集団や一部の子どもの意見に流されず、自分の考えをしっかりもって生活し
ているか？

●自分の悪いところは素直に認め、改めようと努力しているか？

●感情的にならず、友達の考えをよく聞き何事も落ち着いて判断しているか？

◎ 話合いの時には自分の利害にとらわれず、どうすることがクラスのために1
番よいかを常に考えて意見を述べていました。友達からも信頼され、頼ら
れています。

○ 話合い活動の時には、友達の意見に左右されず、しっかりと自分の考えを
もち、発言することができました。

○ 仲のよい友達でも、いけないことをした時には注意することができる心の強
さをもっています。また、自分が過ちをおかした時には、よく考え「これから
は気をつけよう」と改めることができます。自分の中に「良いこと」「悪いこと」
の判断基準があることに感心しています。

○ 善悪の判断がきちんとでき、友達の意見に耳を傾けられる○○さん。正し
いことを「正しい」と落ち着いた態度で言える公正な心が育っています。

△ 休み時間の遊びの際に、ルールを守らずに友達を怒らせてしまうことがあ
りました。「お互いにルールを守るから遊びが楽しくなる」ということを伝え
てきました。

△ 学級活動やグループの話合いの時に、自分の考えや意見をはっきりと主張

できます。そのため、友達の意見も聞き入れられる姿勢が身につくよう指導
してきました。

△ クラスの集会の時、勝ち負けのことで言い争いになったことがありました。
自分の意見が通らないと投げやりな態度をとることがあったので、相手の
立場を思いやることが大事だと指導し、励ましてきました。

10 公共心・公徳心

◎ 全員で使う物についてのマナーを守って生活しています。図書室を利用した
時には出しっぱなしの椅子をしまったり、本をきちんと戻したりしていました。
目立たないことの積み重ねですが、○○さんのそうした行動をみんなに広
めていきたいと思います。

○ トイレのサンダルをそろえたり、図画工作の授業で使った水道場や廊下の
汚れを落とすなど、みんなで使う場所を自然な姿で整えたりきれいにしたり
できるところは、とても素晴らしいです。

○ 遊びで使ったボールをしっかりもとに戻したり、廊下をきちんと歩いたりして、
学校生活のきまりを意識しながら過ごしていました。

○ 図書室で本を静かに読み、読んだ後は本棚を整理しながら元の場所に戻し
ていました。次の人のことを考えた行動に好感がもてます。

△ 校外学習の時に車内のマナーを守ったり、公園のごみを拾ったりできました。クラスのことを考えて、係活動などを積極的にできるとさらによいと思います。

△ 新聞係の仕事に一生懸命に取り組んでいます、しかし、クラスのマジックを片づけ忘れ、友達から注意されたことが何度かありました。みんなで使う物を大切にするよう、引き続き指導していきます。

△ 6年生を送る会では、3年生として何ができるかということを考えて話し合うことができました。しかし、具体的に活動が決まってくると「休み時間にやるのは嫌だ」「どうして僕が…」という声が聞かれたのは残念です。みんなのためにという意識をもてるように声かけを続けています。

Ⅱ 章

学習全体を通して
〈子どもの様子別〉

1 主体的に学習に取り組む態度
2 思考力に関する面
3 知識・技能に関する面
4 発想に関する面
5 表現に関する面
6 協調性、情緒、習慣に関する面

1 主体的に学習に取り組む態度

意欲があり、少しずつ伸びてきている子

学習課題に意欲的に取り組めるようになってきました。その成果が○○などに表れてきて、自信にもつながっています。

○○の学習でよい結果が出たことがきっかけとなり、その他の教科でもがんばり始めました。また、△△の教科ではよく手を挙げ、とても学習意欲が感じられました。

意欲はあるのだが、それほど伸びないでいる子

学習中、真面目に活動に取り組んでいます。学習意欲もありますので、この姿勢を忘れずに学習に取り組めばさらに学力は伸びていくと思います。「継続は力なり」と意欲が続くよう励ましながら指導してきました。

苦手な学習でも投げ出さないで、最後までやり通すことができます。 ノートや学習カードは丁寧な文字で書き、まじめさが伝わってきました。あきらめずに努力を続けていくことが、これからの成果につながります。

非常に積極的に学習に参加する子

自分の考えを積極的に述べたり、調べ学習を意欲的に行ったりする姿が印象的でした。「まず、やってみよう」という前向きな態度がクラスの雰囲気をよくしています。

学習中によく手を挙げて質問に答えたり、自分の考えを述べたりしていました。説明や話にもしっかりとした根拠があり、○○さんの発言によってクラスの学習内容が深まることもありました。

受け身で意欲が感じられない子

自分の考えをもっている○○さんですが、なかなかそれを表せずにいることがありました。自分の気持ちや考えを伝え合うことによって自分もさらに成長するのだと思います。自信をもって学習に取り組めるよう励ましてきました。

与えられた学習課題は、時間をかけて丁寧にやることができました。また、板書されたことをきちんとノートに写すこともできました。さらに手を挙げて質問に答えたり、自分が理解したことや考えを友達に伝えたりすることができるように指導してきました。

学習中の態度がよい子

真剣に学習に取り組んでいます。また、友達の話にもしっかり耳を傾け、その考えを認めながら自分の考えを述べることができ、とても感心しています。

学習が始まる前に学習用具をしっかり準備することができました。授業中も姿勢よくノートをとり、話し手の方に体の向きを変えて、真剣に話を聞くことができました。

学習中に、私語や手いたずらの多い子

活発に学習に取り組んでいるのですが、時々関心が逸れ、私語や手いたずらをしてしまうことも見られました。関心を持続し、集中して学習に取り組めるよう指導してきました。

好きな教科はとても熱心に学習に取り組めますが、教科によっては隣の友達と話をしたり、人の話を聞けなかったりすることがありました。集中して学習に取り組めるよう、指導してきました。

どの教科にも関心をもち、興味深く取り組む子

好奇心旺盛でどの教科にも関心をもち、意欲的に学習に取り組む○○さん。その姿勢は大変立派です。「なぜだろう。どうしてかな?」という気持ちをもち続け、さらに自分を磨いていけるように声をかけてきました。

新しいことを覚えたり、知らなかったことが分かったり、できなかったことができたりすることに喜びを感じて、積極的に学ぶことができました。

教科によって、関心があったりなかったりする子

○○(教科)では、自信をもって学習に取り組んでいます。しかし、△△(教科)では苦手意識があるのか、途中で学習意欲が萎えてしまうことがあり残念に思いました。できるところまでがんばってみようという気持ちをもって取り組めるよう指導してきました。

漢字を書いたり、読んだりすることは得意で熱心に学習していました。得意ではない○○(教科)も漢字練習と同じように努力できるように声をかけてきました。

学習作業が手早い子

担任の指示をしっかり聞き、やるべきことを素早く仕上げることができました。その力には他の子どもたちも驚いています。

計算の仕方を覚えて素早く計算をしたり、学習カードへの記入を短時間で丁寧にかいたり、図画工作での作品づくりを時間内に仕上げたりするなど、前向きな学習態度に好感がもてます。

学習作業が遅れぎみの子

学習中、様々な考えが浮かび、どのように進めたらよいか迷ってしまい、作業が遅くなってしまうことがありました。じっくり取り組もうとする姿勢は素晴らしいの

で、さらに時間の見通しをもった活動ができるように声をかけてきました。

○○さんはがんばろうとする熱意はあります。さらに漢字や計算の練習、図画工作や理科の時間の準備なども手早くできるよう声をかけてきました。

じっと席に座っていられない子

活発に活動するのはよいのですが、学習への関心が薄れてくると友達や担任のところに来て話をしていることがありました。粘り強く学習に取り組めるよう指導を工夫してきました。

活動意欲が旺盛で、何事にも興味をもって活動できます。これは○○さんの長所ですので、これからは着席してじっくり考えたり、粘り強く学習することの大切さについても繰り返し指導していきます。

宿題や忘れ物の多い子

前日の帰りには「明日、○○を持って来るんだ」とはりきっているのですが、次の朝は忘れてしまうことがありました。次の日の持ち物を帰宅後すぐに点検するような習慣がつくよう指導してきました。

学習中まじめな態度で活動しています。宿題をきちんとやってきたり、忘れ物がなくなるようになると、さらに授業に集中できると思いますので、そのことに力点をおいて指導してきました。

予習、復習などがしっかりできる子

家庭学習の習慣がしっかりと身につき、復習や予習を欠かさずに行っていました。素晴らしいことだと思います。

授業中に熱心に学習できるだけではなく、予習や復習がきちんとできています。これからも続けていけるように励ましています。

言われなければ学習しようとしない子

指示されてから学習に取り掛かるのに時間がかかることがありました。やり始めると自分のペースで学習ができるので、次の学習へ移る際の気持ちの切り替えがうまくできるように指導してきました。

図画工作が得意で、構図が整った絵をかいたり、ユニークな工作をつくったりすることができました。得意でない教科では指示を待っているところがあるので、気をつけて支援してきました。

学習の準備を積極的に行う子

次の学習では何をするのか、進んで考えたり聞いたりして、必要な道具や資料を用意することができました。その積極性から○○さんの学習意欲を感じます。

授業が始まる前に、次の時間の準備がいつもきちんとできていました。自分のことだけではなく、用意がまだできていない友達がいると、声をかけて促している姿も見られました。

身の回り（使用した教具）の片づけができない子

学習に夢中になって次から次へと作業を進めていくのですが、机の上がだんだん乱れてきて学習の妨げとなってしまうことがありました。必要な物は何かを考える余裕をもって学習を進められるよう指導しています。

どの教科でも意欲的に学習できますが、次の活動に気を取られて、授業で使った学習用具がそのままになっていることが時々見受けられたので、片づけができるように指導してきました。

指示されないと行動できない子

次に何をしたらよいかは分かっているのですが、慎重になりすぎて迷ってしまい、

なかなか作業に取り掛かれないでいることがありました。失敗を恐れずに「まず
やってみよう」と励ましています。

どんなことにもまじめに取り組み、集団活動の約束もしっかりと守ることができま
す。友達や先生から言われなくても、自分で判断して行動できるように声をかけ
てきました。

集中して学習に取り組む子

授業中に粘り強く作業に取り組む○○さん。集中力を持続させ、全力を尽くそう
とする姿勢がとても立派でした。

教科の学習だけではなく、係活動や休み時間の遊びでも、自分を忘れてそのこ
とに集中している様子が見られました。集中して物事に取り組めることは、○○
さんの長所の1つだと思います。

めあてをもって学習できる子

「今日は○○をしよう」「〜までがんばろう」など、自分なりのめあてをもって学習
に取り組んでいました。自分のペースをつかんで、自分なりに学習をしていく姿に
頼もしさを感じます。

与えられた学習をきちんとやることはもちろん、それだけではなく自分でめあてを
つくり、がんばって最後まで学習する様子が多く見られました。

計画的に学習できない子

学習の計画を立てる時にやりたいことがたくさんあって、どう進めていったらよい
か困ってしまうことがありました。何を先にやったら効率的か、今しなければなら
ないことは何なのか、見通しをもって学習を進めていくよう指導しています。

どの教科でも、学習課題に対して担任や友達の意見やアドバイスを聞き入れな
がら、計画的に学習を進めることができました。

2 思考力に関する面

考える力に優れている子

以前に学習したことから考えをめぐらし、新しい方法を考えたり、友達の考えを受け止めて自分の考えを深めたりすることができました。知識や情報を自分の考えに生かしていこうとする姿に感心しています。

算数の問題の答えを見つけるだけではなく、いろいろな角度から考えて問題を解くことができます。理科の実験でも、結果を考えながら見通しをもって学習している様子がうかがえました。

あまり深く考えられないでいる子

分からないことがあるとなかなかそこから抜け出せずに困っていることがありました。今までの知識を生かしたり、友達の考えを参考にしたりして学習を進めていくよう指導しています。

問題を解く方法が分かっている場合は着実にやることができます。問題を解くための手順や方法を知り、自分で考えるという力が身につくよう支援してきました。

筋道を立てて考えられる子

○○さんは、1つの考えからいろいろな立場や場面を想定して、筋道立てて物事を考えることができます。見通しをもって学習を進めていけることは、とても素晴らしいことだと思います。

理科の実験や観察の学習の時、「こうなるだろう」と自分で結果を予想し、学習の見通しを立てて進めることができました。

自分の考えがなかなかまとめられない子

いろいろな考えが浮かび、学習中も様々なアイデアを出しているのですが、それがなかなかまとまらずに困っていることがありました。ノートに考えを書いたり、カードに書き出したりして、自分の考えを整理するように助言しています。

どの教科でも、友達の意見や考えを取り入れて学習できますが、取り入れた考えを自分の考えとしてまとめきれないところがありますので、表にまとめるなど、様々な考えの整理の仕方を指導してきました。

ノートのとり方が上手な子

調べたことや観察したことなどを自分の考えも交えてノートにうまくまとめることができました。自分なりのまとめ方を楽しむ姿も見られました。

社会や総合の時間では、地域の人にインタビューしたことや自分が調べたことを整理してノートにまとめることができました。

ノートが上手く使えない子

大事なことや調べたことをノートに一生懸命に書くのですが、どの文も同じように続けて書いたり、文字が雑になってしまうことがありました。色を変えたり、枠で囲んだりしながら、見やすく整理することのよさを指導してきました。

算数の学習の時間に、自分が考えたことを発言することができました。板書されたことをノートにきちんと書いたり、学習の振り返りをノートにまとめたりすることができるとさらに学びが深まるため、指導を繰り返してきました。

不注意によるミスが多い子

「分かっているのに」「できていたのに」と後で気づいて残念に思う場面がありました。本人も悔しがっていましたが、慌てずにじっくり考えたり、もう一度見直し

たりすることが習慣となるように声をかけてきました。

算数の○○の計算の仕方は十分に理解していますが、時々あわててしまうために間違いがあります。不注意による間違いがないように声をかけてきました。

人の考えに頼ろうとする子

自分らしい考えをもっている○○さんです。しかし、自信をもてずについ友達の考えを頼りにしてしまうような場面がありました。「○○さんの考えもよいものなので、自信をもって発言しようね」と励ましています。

問題の解き方が分かっている場合は確実にできますが、社会の学習で自分のめあてをもって学習するような時に、友達の考えに頼ってしまうところが見られます。そのため、自分の考えを大切にするように指導してきました。

人の考えに引きずられ、自分の考えがもてない子

自分なりの考えをもった時にその理由を聞くと、言葉に詰まってしまうことがありました。きっとそこにも自分なりの理由があるのだと思います。ちょっとしたことでも自分の考えのもとになった理由を、自信をもって言えるよう指導しています。

漢字練習や計算練習は熱心にできました。国語の読み取りや理科の実験方法を考える学習の時に、しっかりと自分の考えがもてるように指導してきました。

学習したことを、他の場面で生かそうとする子

課題の解決について考える時、以前に行った他の学習や活動を思い起こしてその課題を解決することができました。それぞれが生きて働く力となっています。

○○さんのよいところは、授業で学習したことを他の場面で生かせることです。国語の「話す、聞く」の学習で学んだことを総合的な学習の時間のインタビューに生かしていました。

自分なりの方法を工夫できる子

実験や観察、調べ学習などでは、それらから分かったことや考えたことを自分なりに工夫してノートや新聞にまとめることができました。アイデアが豊富で分かりやすく、楽しいものとなりました。

社会の調べ学習や総合的な学習の時間での様子を見ていると、問題解決のために自分なりの方法を考えて進めることができ、頼もしく思いました。

人の真似が多く、自分で考えようとしない子

友達のよいところを素早く見つけ、自分もそのようなものにしようと考えることができました。ただ、そのアイデアと同じもので満足していることもありました。よいところを見る目をさらに伸ばしつつ、そこから自分らしさを生み出していくことができるよう励ましてきました。

まじめに根気よく学習できることが○○さんのよいところだと思います。さらに、人の意見や考えに流されずに自分の考えがしっかりともてるように指導してきました。

3 知識・技能に関する面

記憶力に優れている子

詩の暗唱の課題を出したところ、短い時間ですべて覚えてすらすら唱えることができ、友達もびっくりしていました。

大切なことをその場で暗記する力が高いです。集中して覚えることができるのでしょう。今までの学習内容もよく覚えているので、「ああそうか前に勉強したね」と納得しながら学習内容を知識として積み重ねることができています。

学習の内容を確実に理解している子

何事にも理解する力があり、授業中は真剣に人の話を聞いているので、学習したことがしっかりと身についています。

人の話を聞いたり、文章を読んだりして内容を的確に理解する力があります。さらに、話合いを通して自分の考えを深めていけることが○○さんの素晴らしいところです。

努力はしているが、理解が定着しない子

計算練習に進んで取り組み、がんばる姿を見せてくれました。しかし、確実な力にするためには、さらなる努力が必要です。「○○さんならできる」と励ましてきました。

漢字練習や計算練習など、家でもよく取り組んでいます。漢字テストの間違い直しにも真面目に取り組んでいます。「どうして忘れちゃうんだろう」とつぶやいていることもありましたが、漢字や計算はいつも目にしたり使ったりしなければどんな人でも忘れてしまうものです。日記や、普段書く文章の中で漢字を使ったり、おつかいなどの日常生活の中で暗算を使ったりするように指導してきました。

努力をし、豊かな知識をもっている子

授業で学んだことは必ず家で復習し、地道な努力を続けることができました。読書にも親しみ、いろいろなことをよく知っているので、友達から頼りにされています。

学習に対する取組がまじめで努力を惜しまないので、学習したことが知識として定着しています。新しいことを知るということに喜びを感じているようで、読書量も豊富です。「あれ?」「なぜ?」と思ったことをそのままにせず、すぐに調べようとする姿勢が素晴らしいと思います。

知識があまりない子

興味をもったことについては目を輝かせて取り組みます。さらに、いろいろなことに興味の幅を広げ、挑戦していくことにより、知識も増えていくと声かけをしてきました。

友達と意見を交換しながら、自分の考えを深めていくことの楽しさを感じ取っているようでうれしく思っています。ただ、自分の知らない言葉などが多い時に、話合いについていけないこともありました。普段から読書をしたり、ニュースを見たり、分からないことをその場で聞いたり、辞書をひいたりすることを心がけるように指導してきました。

筋道を立てて理解し、応用力のある子

やり方を理解するだけでなく、どうしてそうなるのかにこだわって学習を進めています。また、1つのやり方で課題を解決すると、他のやり方はないかと探し、学習を深めることができました。

何に対しても、「どうしてそうなるのか」ということを考えることができます。納得がいくまで聞いたり調べたりできるので、いつも筋道を立てた考え方ができています。1度自分のものにしてしまえば忘れることもないので、他の問題にも当てはめて考えることができます。応用力があるということだと思います。

理解はするのだが、応用するのが苦手な子

授業態度は落ち着いていて、学習にまじめに取り組みます。学習したことから自分なりの考え方を広げられるように励ましてきました。

1つ1つのことに時間がかかっても確実に理解しています。ただ、いつも1つのことに集中しがちで、物事を広い視野から考える力にまだ未熟な面が見られます。1つ1つのことはみんなつながっているということを常々説明して、応用問題で活かせるように指導しています。

学習が足りなくて、理解の定着が弱い子

○○テストの結果を見ると、学習してきた時とそうでない時がはっきりしていました。学習すれば結果は出ていますので、継続して学習に取り組めるよう励ましてきました。

授業中は熱心に担任の話を聞き、真面目に考えています。「先生、教えて」と自分から言える積極性はとてもよいと思います。しかし、しっかりと自分のものにするには時間がかかります。何度も繰り返し練習したりする必要があるようです。少しずつの積み重ねが大きな力となることを、折りに触れて話しています。

基礎学力が不足している子

算数のテストを見ると、考え方は合っているのに計算が間違えているために答えが違ってしまうことがありました。毎日、粘り強く計算練習に取り組めるよう、励ましてきました。

学習内容を理解するのに時間がかかるようです。授業中にみんなで話し合って「分かった」という時のすっきりした顔が忘れられません。ただしいつも「分かった」になるには積み重ねが必要です。読書を通して語彙を増やしたり文章を読んで理解する力をつけたりする必要があります。また、地道な計算練習も必要です。○○さんのように真面目に取り組む姿勢があれば大丈夫です。

知識より、体験的な学習を好む子

理科の実験観察には目を輝かせて取り組みます。そこから学んだことをしっかりとまとめ、知識を定着できるように支援してきました。

○○さんは、まず体で動いてから、考えているようです。つまり、体験しながら学ぶことができます。その方が忘れてしまうこともなく、自分の中にしっかり定着するようです。ただ、体験して身につけたことを文章で表すことも大事な力なので、その点も指導してきました。

4 発想に関する面

発想が豊かな子

1つの事柄から、次々に多様な考えをふくらませることができる○○さんには、感心させられることが多くありました。発想の豊かさは今後も伸ばしていきたいです。

図画工作の作品などに○○さんのアイデアがあふれています。自分なりの思いがしっかりしているので、教師にアドバイスをもらう時も視点がしっかりしています。ネーミングも楽しくて、いつも作品を楽しみにしています。

発想が固く、行き詰まる子

何事にもコツコツと丁寧に取り組む姿はみんなの手本です。図画工作の作品なども1つ1つの作業をきちんとしています。自分は何をかきたいのか、何をつくりたいのかということを心がけると作品の幅がぐんと広がることを指導してきました。

作文の時間、何を書いてよいのか分からず、途中まで書いて手が止まってしまうことがありました。実際の場面を思い浮かべながら少しずつ書くように指導しました。

物事を多面的に見ることができる子

○○の学習では、いろいろな人の立場に立って考え、発言していました。1つの考えにとらわれずに考えを深めていくことができます。

創造力が豊かで様々なアイデアを生み出すことができます。社会の学習では工業の発展として見ればよいことでも環境破壊にもつながるとか、生活の便利さと引き換えに失っていくものもあるということに気づくことができます。社会に出ていく上で大切な力だと思います。

物事を一方向からしか見ることのできない子

授業中、自分の意見に対して反対意見が出ると、黙ってしまうことがありました。いろいろな考え方があることを指導してきました。

学習に真面目に取り組み、課題に対して一生懸命考えています。ただ、正解は1つだけではないこともあります。立場が違えば思いや考えも違うということを、自分自身がいろいろな立場に立つことで感じ取れるように声かけをしてきました。

独創性があり、ユニークな考え方をしている子

他の人が思いつかないようなことを考え、なるほどと感心させられることがたびたびありました。ユニークな発想は○○さんの宝物です。

○○さんの考えにみんながはっとさせられることが多くありました。他の人が考えつかないことで「なるほど」と納得してしまうことが多くありました。発想の豊かさは、経験の豊かさに通じているのでしょう。

考えが固定化されてしまう子

まじめにしっかり取り組むのですが、「～してはいけない」と自分で枠を決めてしまうようなところがあります。自由な発想で考えることができるよう、支援を続けてきました。

○○さんの意見はたくさんの友達の支持を得ています。説明を聞いて自分と同じだとほっとしている友達も多いと思います。自分を磨くという意味では、新しいことにもチャレンジするよう声かけをしてきました。

個性を発揮し、自分らしさを出している子

アイデアとセンスのよさにはきらりと光るものがあります。○○さんらしさを大切にしながら、学習を深められるように指導をしてきました。

明るくのびのびした考えで学習に取り組んでいます。「そんなことできるのかなあ」ということも、○○さんのやる気でみんなも「よし、やってみよう」という気持ちになるようです。クラスを元気にしてくれています。

自分らしさがなかなか出せない子

周囲の人のやっていることが気になって、自分なりの考えが出せないことがありました。自分の思いを大切にし、自信をもつように励ましてきました。

○○さんのよいところは数え切れないほどあります。ただ、いつも遠慮がちなので思いが伝わらないことがあります。「相手に伝える」ということが大事です。心を強くもち、自分の思いを伝えることに力を入れられるように声をかけてきました。

新しい考えを進んで出してくれる子

話合いでみんなの意見がまとまらない時、「こういうふうに考えたら?」と提案をしてくれました。そのおかげで、クラスが新しい考え方で進むことができました。

自分の気持ちに正直に「こうしたらいいんじゃない?」「こんなやり方もあるよ」と新しい考えを次々に出しています。友達に無理だと言われてもめげることなく、どうしたらよいかということに焦点を当てて前向きに考える姿勢がたいへん立派です。

過去の考えにこだわっている子

話合いの時「前はこうだったよ」と発言し、以前のやり方に固執することがありました。「過去から学ぶことも大切だけれど、新しく考えていくことも大切だよ」と指導してきました。

真面目に物事を考えています。ただ、どうしても自分の経験の中だけでしか物事を考えていない面があります。○○さんの力があれば、新しいことにもどんどん挑戦できるので、ぜひ前向きな考えを出してもらえたらなと思いながら指導をしてきました。

5 表現に関する面

自分の考えを、よくまとめて分かりやすく話す子

進んで発言し、自分の考えを積極的に伝えることができます。聞いている人に分かりやすいよう、発言内容もよく考えています。

スピーチをした時には、自分が家でしている仕事について、自分の考えもつけ加えて分かりやすく話をすることができました。

発言はするが、内容が分かりにくい子

活発にのびのびと自分の考えを発言しています。自分の言いたいことがみんなにきちんと伝わるよう、順序立てた話し方を指導しています。

手を挙げて発言をするのは、積極的でとてもよいことですが、時々、話をしている内容が友達によく伝わらないことがありました。「伝えたいことの中心をはっきりさせて話をしよう」と助言してきました。

分かっているが、発言があまりない子

人の話をしっかり聞くことができ、内容をよく理解しています。自分なりの考えももっているので、それをみんなに伝えられるように励ましています。

人の話をよく聞き、学習内容をよく理解しています。進んで発言しようとする気持ちを大切にし、発言することを褒め、自信をつけさせてきました。

新聞にしたり、図や表にして表すことが上手な子

調べたことを文にしたり、図や表にしたりして分かりやすくまとめることができます。その力を新聞づくりや発表などに生かすことができました。

○○工場見学をしたときのことを、楽しいイラストや図表を使って工夫しながら新聞に表すなど、表現力がとても豊かです。

図や表が使えず、言葉だけの表現になってしまう子

ハキハキと自分の意見を発表することができます。さらに、「必要に応じて図や表にして表してみよう」と声をかけ、いろいろな表現ができるよう指導しました。

社会の買い物調べや、理科のホウセンカの成長の様子などをまとめる時に、言葉だけで表現しがちだったので、図や表を効果的に使うとさらによくなることを指導しました。

筋道の通ったスピーチができる子

スピーチの内容が豊富で、順序よく、自分の考えや感想も入れながら上手に話すことができます。

好きな場所や料理をしたことなど、話す順序や構成を考えて、聞く人に分かりやすい、筋道の通ったスピーチができます。

長くスピーチすることが苦手な子

自分の体験したことや思ったことを、みんなの前で話すことができるようになってきました。少しずつ話す内容を増やしてスピーチすることができるよう、励ましています。

自分の話したいことを事前に用意してスピーチをするのですが、聞く人に伝わりやすいように具体的に話を進めているとは必ずしも言えないようです。自分の思ったことや感じたことを大切にできるよう、メモなどをつくらせてから話をするように指導してきました。

友達の話をしっかり聞いて自分の考えを発言する子

自分の考えをしっかりもち、友達の意見を聞いて賛成、反対、つけたしなどの立場をはっきりさせながら発言することができて、大変立派です。

総合的な学習の時間の学習内容を決める話合いでも、友達の話をよく聞き、よりよい意見を発言できます。

友達の話が聞けない子

自分の意見をみんなに伝えたいという意欲にあふれています。友達の意見を聞くことでさらに自分の考えを深めることができるように、聞くことの大切さを指導してきました。

他のことに気をとられて、友達の話を必ずしも十分に聞けない時がありました。落ち着いて上手に話が聞けるように指導しています。

感想や手紙が思い通りに書けない子

登場人物の気持ちに寄り添いながら、物語文を読み進めることができます。その思いを手紙や感想文に書き表せるように支援しています。

書くことについては、まだ少し苦手なようで、感想や手紙を書く時もなかなか書こうとすることが思い浮かばないことがありました。書くことを楽しみながら、自分の考えを素直に表せるよう励ましてきました。

6 協調性、情緒、習慣に関する面

グループで協力して学習できる子

グループ活動では、自分の意見をきちんと伝え、友達の意見もよく聞いて、仲間

と協力しながら仲よく活動することができました。

社会の「地域探検」の学習や、理科の植物の観察などでも、グループで協力し、とても楽しそうに学習しています。

なかなか仲間に入ろうとせず、1人での学習が多い子

自分のペースで学習を進めていくことができます。さらに、友達と一緒に学習する楽しさにも目を向けられるよう声をかけています。

グループ学習をしている時に、その中に入らずに1人で学習を続ける時があります。グループで学習する大切さを話し、みんなで学習する楽しさや成就感を味わわせる指導をしてきました。

学習のルールが習慣化されている子

自主的に学習の準備をし、忘れ物もなくきちんとしています。発言の仕方や聞き方も大変素晴らしいので、みんなのお手本になっています。

話合いのルールやクラスの約束を守って落ち着いて学習でき、相手を尊重する態度が育っています。

自分本位になってしまい、友達の話を聞こうとしない子

「自分の思いをみんなに伝えたい」という意欲にあふれています。さらに、友達の意見を聞くことも大切であることを、教えてきました。

友達の話を聞くことよりも、自分の言いたいことややりたいことが優先されてしまうということについて、気をつけているようでした。友達とゆずり合い、協力して取り組む活動を大切にしてきました。

落ち着きがなく、よく席を立つ子

意欲的に学習に取り組み、活発に楽しく活動しています。落ち着いて、粘り強く課題に取り組むことを指導しています。

授業中に気持ちが他のことに向いてしまうことが見られます。どの教科においても落ち着いて着席し、与えられた課題を確実にやり遂げられるように個別に指導しています。

できる教科とできない教科がはっきりしている子

得意なことに自信をもち、熱心に学習に取り組んでいます。やればできる力をもっているので、その力を多方面に出せるよう励ましています。

○○には進んで学習し、十分に力を発揮していますが、△△は少し苦手意識があるようです。できるものはさらに伸ばすことで自信をつけさせ、苦手なものは基礎の部分を大事にし、指導してきました。

日記や家庭での学習をよく行っている子

日記や家庭での漢字、計算練習などを継続していて、大変立派です。コツコツと努力して、しっかりとした学力を身につけることができました。

日記や家庭で学習したことを欠かさずに見せてくれます。その根気強く地道な努力は、少しずつ○○さんの力となって表れてきています。

よく読書をしている子

物語が大好きで、休み時間も夢中になって本を読んでいる姿をよく見かけました。自分が読んで面白かった本の紹介もしてくれます。

本に親しみ、休み時間に図書室に出かけたり、読書をしている姿をよく見かけま

す。本はとても好きなようで、読書カードは○○枚を超えました。心に残った本をスピーチで友達にいきいきと紹介していました。

学習の習慣が身についている子

家庭学習を毎日きちんとやる、よい習慣が身についています。宿題だけでなく、自分から進んで学習している姿勢がとても素晴らしいです。

忘れ物が少なく、教科書やノート、筆記用具などの準備ができています。人の話をよく聞き、与えられた課題にも真面目に取り組むなど、学習するのに必要な習慣がよく身についています。

学習より遊びが中心になっている子

友達と遊ぶのが大好きで、笑顔で楽しく遊んでいます。学習中は、やる時はきちんとやる、けじめをつけられるように指導しています。

休み時間になると友達と外に出かけ、汗びっしょりになって帰ってきます。学習面でも、そのいきいきした姿を生かせるよう、体験的な学習を大切にしながらも、基本的なことが確実に身につくよう指導しました。

宿題をしっかりやってくる子

まじめに課題に取り組み、着実に学力をつけています。宿題も忘れずにやってきて、分からなかったところは進んで質問することができ感心しました。

与えられた課題に進んで取り組み、宿題も欠かさずに提出しています。そのため、漢字や計算などの基礎的な力が少しずつ身についてきています。

あまり本を読まない子

文章をじっくり読んで、内容を理解するのがやや苦手なようです。文を読むこと

に抵抗をなくせるよう、本に親しむことを勧めています。

朝の時間に読書を取り入れたり、よかった本を紹介し合ったりして好きな本を選んで読む姿を見かけますが、自分から進んで本を手に取るようにはまだなっていないようです。よい本に出会い、心がさらに豊かになるように声かけをしてきました。

病気がちで欠席が多く、理解が不足している子

基礎的な力はあるのですが、欠席して授業を受けられなかった時の内容が理解できていない面もあります。学校に登校した際には、自分のもてる力を十分に発揮させてあげたいと思います。

病気のための欠席が続きましたが、学校では友達と仲よく落ち着いて生活できていました。学習面は、国語や算数を中心に、基礎的な力を定着させ、その力を活かすことができるよう個別に指導しています。

パソコンやタブレット端末などでの学習が得意な子

パソコンが得意で、調べ学習ではインターネットの情報をうまく活用して、自主的に学習を進めることができました。

タブレット端末を上手に使いこなしています。さらに、総合的な学習の時間での課題をインターネットを使って調べたり、学習したことをまとめたりすることがとても上手にできました。

できていないのにできたと言う子

周りが学習を終えているとあわててしまう面があります。自分が理解できるまでじっくり課題に取り組むように指導しています。

意欲的に学習していますが、聞かれたことを取り違えたり、考え違いがまだあるようです。見直しや確かめをすることを心がけるように助言しています。

Ⅲ 章

教科
〈領域ごとに観点別〉

国語
社会〈3年・4年〉
算数〈3年・4年〉
理科〈3年・4年〉
音楽
図画工作
体育

◎ よくできる子に対する文例
○ おおむねできる子に対する文例
△ もう少しの子に対する文例

国語

観点	趣旨
❶知識・技能	●日常生活に必要な国語の知識や技能を身に付けているとともに、我が国の言語文化に親しんだり理解したりしている。
❷思考・判断・表現	●「話すこと・聞くこと」、「書くこと」、「読むこと」の各領域において、筋道立てて考える力や豊かに感じたり想像したりする力を養い、日常生活における人との関わりの中で伝え合う力を高め、自分の思いや考えをまとめている。
❸主体的に学習に取り組む態度	●言葉を通じて積極的に人と関わったり、思いや考えをまとめたりしながら、言葉がもつよさに気付こうとしているとともに、幅広く読書をし、言葉をよりよく使おうとしている。

知識及び技能　1　言語の特徴や使い方

〔知識・技能〕　　　　　　　　　　　　　　評価のチェックポイント

●漢字や送り仮名、改行の仕方を理解して文や文章の中で使っているか。日常使われている簡単な単語について、ローマ字で表記されたものを読み、ローマ字で書いているか？

●様子や行動、気持ちや性格を表す語句の量を増やし、話や文章の中で使うとともに、言葉には性質や役割による語句のまとまりがあることを理解し、語彙を豊かにしているか？

●文章全体の構成や内容の大体を意識しながら音読できるか？

◎　難しい言葉の意味をよく知っていて、授業で活躍することが多かったです。進んで読書をしたり、辞典で調べたりする習慣が、○○さんの語彙を豊かにしています。

◎ 日々の漢字練習に一生懸命に取り組み、テストでその成果が表れていました。また、作文を書く時に習った漢字を使うことができました。字形を覚えるだけではなく、活用力が身についています。

◎ 物語文「○○」の音読発表会では、場面の様子や登場人物の気持ちの変化を読み取り、表情豊かに読むことができました。発表後に友達から拍手され、自信がつきました。

○ ローマ字の名刺づくりでは、ローマ字表を見ながら1文字ずつ丁寧に書くことができました。

○ 物語文「○○」では、登場人物の気持ちを読み取り、読む速さや声の調子を工夫して音読することができました。

△ 苦手意識をもっていた漢字（ローマ字）の練習に、前向きに取り組む姿が見られるようになりました。書ける漢字（ローマ字）は確実に増えています。焦らず、あきらめずに練習を続け、身につけられるように励ましてきました。

△ 1文字1文字を指でなぞりながら、一生懸命に音読する姿勢に好感がもてました。すらすら読めるようになってきたことが自信になっていますので、今後も励ましていきます。

〔主体的に学習に取り組む態度〕　　　　　　　　　　　　**評価のチェックポイント**

● 進んで丁寧な言葉を使い、学習の見通しをもって報告しようしているか？

● 積極的に、言葉の抑揚や強弱、間の取り方などを工夫し、今までの学習を生かして質問しようとしているか？

● 主語と述語との関係、修飾と被修飾との関係、指示する語句と接続する語句の役割、段落の役割について理解し、学習課題に沿って、積極的に物語をつくろうとしているか？

◎ 単元の最後にスピーチ大会をすることを伝えると、「聞いている人がよく分か

る発表にする」と目標を立てました。以前説明文で学んだ「伝えたいこと→
理由→伝えたいこと」の順が分かりやすいと考えて原稿をつくり、本番では
堂々と発表することができました。

○ 部首を学習した際、振り返りカードに「漢字が楽しくなった」という記述があ
りました。漢字練習に取り組む姿勢が、一層前向きになりました。

△ 「毎日漢字練習をする」という目標を立てましたが、次第に提出されなくなっ
てきたことが残念です。「継続は力なり」を実行すると、大きく成長できると
指導してきました。

知識及び技能　2 情報の扱い方

〔知識・技能〕	評価のチェックポイント
●考えとそれを支える理由や事例、全体と中心など情報と情報との関係について理解しているか? ●比較や分類の仕方、必要な語句などの書き留め方、引用の仕方や出典の示し方、辞書や事典の使い方を理解し、それらを使っているか?

◎ 説明文の学習では、筆者の考えとそれを支える事例について、表に簡潔に
まとめることができました。

◎ インタビューでは、記号や矢印などを使って要点を落とさずにメモを取り、
友達の伝えたいことを正確に聞き取ることができました。

◎ 漢字辞典の3つの引き方を理解し、状況によってより効率的な引き方を選ん
でいました。辞典の速引き大会では優勝し、その時のうれしそうな顔が印
象に残っています。

○ 性格を表す言葉集めをした際、カードを使って似た意味をもつ言葉をグルー
プ分けし、ラベリングすることができました。

○ 授業で難しい言葉が出てくると、さっと辞典を取り出して意味を調べていました。その姿はクラスの手本でした。

△ 説明文の学習では、接続語や文末に注目したり、実際にやってみたりすることで、筆者の考えと理由を表す文の区別ができるようになってきました。学習の基礎となる読解力をさらに伸ばしていけるよう、今後も助言していきます。

△ 国語辞典の引き方がよく分からず、苦労している姿が見られました。あいうえお表やページの端に書き出してある言葉を手がかりにするよう声をかけると、目的の言葉を探せるようになってきました。これからも、できるまで努力を続ける姿勢を大切に育てていきたいです。

〔主体的に学習に取り組む態度〕　　　　　　　　　評価のチェックポイント

● 考えとそれを支える理由や事例、全体と中心など情報と情報との関係について理解し、学習課題に沿って積極的にまとめようとしているか？

● 言葉には考えたことや思ったことを表す働きがあることに気づき、進んで学習の見通しをもって文章の一部を引用して意見を述べようとしているか？

◎ 新聞づくりでは、友達のよいアイデアに刺激を受け、より分かりやすく情報を整理して書こうと努めていました。特に見出しは、「『〜について』より、結論を書いたほうがインパクトが強い」と、熱心に考えていました。

○ 広告を読み比べる学習では、教師が示したモデルを参考にして、書かれている内容がどのように関わり合っているかが分かるよう、言葉を丸で囲んで線でつないだり、表とそれに関係する文章を矢印で結び付けたりしていました。

△ 説明文の学習では、「考え」と「それを支える理由や事例」の区別がなかなか分からないようでした。文末表現に注目したり、文章をペンで色分けしたりして、文章の内容を考えられるよう支援しました。

3 我が国の言語文化

◎　ことわざに興味をもち、意味を調べたり短文を考えたりする活動に、積極的に取り組みました。活動する中で、意味の似ていることわざや意味が反対になることわざがあることに気づき、ことわざブックに分かりやすくまとめることができました。

◎　漢字練習では、「とめ」「はね」「はらい」などの細かいところに気をつけ、形の整った美しい字を書くことができました。ノートやプリントに書かれた字もいつも丁寧で、読む人への心遣いが感じられました。

◎　「○○」という説明文の中で、疑問に思ったことを図書館の本を使って調べていました。調べて分かったことを友達に伝えたことで、クラスの学習が深まりました。

○　毛筆では、手本を見ながら何度も書き直し、納得がいく1枚が書けた時の笑顔が印象的でした。

○　読書を始めると、本の世界に入り込むように集中しています。豊富な読書量が、○○さんの幅広い知識につながっています。

△　毛筆では、「ゆっくり丁寧に」を意識して整った字を書くことができました。ノートやプリントを書く時にもそれを心がけるように指導してきました。

△ 読書の時間には、楽しそうに絵本を読んでいます。読み聞かせやブックトークなどを通して様々なジャンルの本と出会うきっかけをつくる中で、読書の幅を広げられるように声かけをしてきました。

[主体的に学習に取り組む態度]　　　　　　　　　　　　評価のチェックポイント

● 短歌や俳句を音読したり暗唱したりするなどして、進んで言葉の響きやリズムに親しもうとしているか?

● ことわざや慣用句、故事成語などに興味をもち、それらを進んで使おうとしているか?

● 読書が必要な知識や情報を得ることに役立つことを知り、幅広く読書に親しもうとしているか?

◎ 「百人一首大会で札をとりたい」という思いから、百人一首に興味をもちました。はじめは得意な友達に教わって札を暗記することに力を入れていましたが、しだいに意味や歌にこめられた思いに興味をもつようになりました。図書室で本を借りて読んでいる姿も見られました。

○ ことわざクイズでは、すぐにヒントを聞かずになんとか自分の力で解こうとがんばる姿がありました。家庭学習で調べてくる積極さもあり、理解を深めていました。

△ ことわざに関心をもち、進んで学習することができました。さらに、短歌や俳句の魅力も感じられるよう励ましてきました。

思考力・判断力・表現力等　A 話すこと・聞くこと

〔思考・判断・表現〕	評価のチェックポイント

●目的を意識して、日常生活の中から話題を決め、集めた材料を比較したり分類したりして、伝え合うために必要な事柄を選んでいるか?

●相手に伝わるように、理由や事例などを挙げながら、話の中心が明確になるように話の構成を考えているか?

●話の中心や話す場面を意識して、言葉の抑揚や強弱、間の取り方などを工夫しているか?

●必要なことを記録したり質問したりしながら聞き、話手が伝えたいことや自分が聞きたいことの中心を据え、自分の考えをもっているか?

●目的や進め方を確認し、司会などの役割を果たしながら話し合い、互いの意見の共通点や相違点に着目して、考えをまとめているか?

◎　スピーチでは、声の強弱や間の取り方などを原稿に書き込み、聞いている人に分かりやすい発表を心がけました。本番では、聞いている人の反応を見ながら、大事な部分を繰り返したり間を長く取ったりと、さらなる工夫をして話すことができました。

◎　話合いの司会をする際、初めは進行表に沿って行っていましたが、今では、友達の意見の相違点を整理したり、1つの結論にまとめたりすることができるようになりました。その姿は頼もしく、安心して司会を任せることができました。

○　スピーチでは、伝えたいことの中心と理由を区別して原稿を書き、大事な言葉はゆっくりはっきりと話すことができました。

○　インタビューの学習では、集中して話を聞きながら、新聞記事にまとめるための大事な言葉をノートにメモしていました。また、分からないことは進んで質問し、解決することができました。

△　スピーチでは、途中言葉に詰まってしまうところもありましたが、最後まで原

稿を読むことができました。経験を積むことで、人前で話すことにも慣れて
くるため、時々聞いている人を見て、話が伝わっているかを確かめながら
話せるように指導をしてきました。

△ 時々、手いたずらをしていて集中して話を聞くことができない場面がありまし
た。話している人を見て聞けるようになると、話の内容が一層理解できるよ
うになるので、声をかけて指導をしてきました。

〔主体的に学習に取り組む態度〕　　　　　　　　　　評価のチェックポイント

●話の構成を考え、今までの学習を生かして調べたことを粘り強く説明しようとしてい
るか?

●進んで日常生活の中から話題を決め、学習の見通しをもって情報を集めようとして
いるか?

●目的を意識して話題を決め、学習の見通しをもってグループや学級全体で進んで話
し合おうとしているか?

◎ インタビューの報告会では、話の構成を考えて、効果的な話し方で、自分
の調べたことを話すことができました。インタビューした内容の中から友達
が興味のある内容を調査し、話す順序を決めていました。また、実物や写
真があると分かりやすいという教師の助言をもとに、ひと目で分かる工夫を
していたことも素晴らしかったです。

○ いつも友達の話を積極的に聞いています。うなずいたり、よく分からないこ
とを聞き返したりしながら、学習課題に対する自分の考えを広げていこうと
していました。

△ 話すことが大好きな○○さん。話す材料を豊富にもっています。それを相
手が分かるように話せるとさらによいです。友達や教師の助言に耳を傾け、
話の順序や資料の用意などを工夫するとよいと助言してきました。

思考力・判断力・表現力等　B 書くこと

〔思考・判断・表現〕	評価のチェックポイント

- ●相手や目的を意識して、経験したことや想像したことなどから書くことを選び、集めた材料を比較したり分類したりして、伝えたいことを明確にしているか?
- ●書く内容の中心を明確にし、内容のまとまりで段落をつくったり、段落相互の関係に注意したりして、文章の構成を考えているか?
- ●間違いを正したり、相手や目的を意識した表現になっているかを確かめたりして、文や文章を整えているか?

◎　福祉施設へのお礼の手紙を書きました。何度も書き直しながら、よりよい言い回しはないかを考えたり、誤字・脱字を修正したりしていました。○○さんの感謝の気持ちが伝わってくる素敵な手紙に仕上がりました。

◎　文章を書くセンスが抜群です。絵から人物の設定や出来事を豊かに想像し、物語を書くことができました。起承転結で段落分けがされていたことにも感心しました。

○　1年生に行事の案内状を書く際には、一文を短くしたりやさしい言葉を使ったりと、相手のことを考えて工夫することができました。

○　出来事や自分の気持ちをメモした付箋紙を並べ替えて、文章構成を考えながら作文を書くことができました。

△　「○○」という物語文を読んだ感想を書きました。理由が書けず困っている姿が見られたので、自分の体験と比べたり、その時の気持ちを書いたりするとよいことを指導しました。

△　書きたいことが決まると、黙々と筆を走らせる集中力が立派でした。自分が書いた文章を読み直す習慣をつけると、書く力をさらに高めることができると思います。ケアレスミスを見つけたり、相手により分かる表現を考えるように指導しました。

> 〔主体的に学習に取り組む態度〕　　　　　　　　　　　評価のチェックポイント
>
> ●粘り強く書き表し方を工夫し、学習の見通しをもって報告する文章を書こうとしているか?
>
> ●段落相互の関係に注意して文章の構成を考え、学習の見通しをもって粘り強く文章を書こうとしているか?
>
> ●伝えたいことを明確にし、学習の見通しをもって進んで詩をつくろうとしているか?

◎　自分の考えが相手に伝わるように、付箋紙に書いた「作文メモ」を何度も並べ替えて、文章の構成を考えていました。「文章の書き出しについて、私はこう考えているのだけれど…」と、自ら教師に質問に来る熱心さもありました。仕上がった○○さんの作文は、クラスで称賛されました。

○　スピーチの原稿づくりでは、中間発表会に進んで参加することができました。友達の意見を聞いたり、自分がアドバイスしたりする活動を通して、自分の原稿をもう一度読み直してよりよいものをつくろうとする姿が見られました。

△　作文を書いたり、調べたことをまとめたりすることに苦手意識をもっているようでした。教師が言葉がけをしながら一緒に取り組むと、少しずつ書けるようになってきました。できた時のうれしさをたくさん味わって、自信をつけていけるように指導してきました。

思考力・判断力・表現力等　C　読むこと

〔思考・判断・表現〕　　　　　　　　　　　　　　評価のチェックポイント

- ●段落相互の関係に着目しながら、考えとそれを支える理由や事例との関係などについて、叙述をもとにとらえているか?
- ●登場人物の行動や気持ちなどについて、叙述をもとにとらえているか?
- ●目的を意識して、中心となる語や文を見つけて要約しているか?
- ●登場人物の気持ちの変化や性格、情景について、場面の移り変わりと結びつけて具体的に想像しているか?
- ●文章を読んで理解したことに基づいて、感想や考えをもっているか?
- ●文章を読んで感じたことや考えたことを共有し、1人1人の感じ方などに違いがあることに気づいているか?

◎　説明文「○○」では、文章全体の構成や題名との関連などを根拠に、内容の中心となる言葉（キーワード）を正確に読み取り、要約に生かすことができました。根拠に説得力があり、友達が感心していました。

◎　読解力に優れ、物語文「○○」では、いつも話合いの中心となって活躍していました。行動や会話などの複数の叙述から人物の性格をとらえたり、2つの場面を対比して気持ちの変化をとらえたりすることができました。

○　説明文の学習では、「筆者の考え」と「その理由や事例」が書かれた文章とを区別しながら読むことで、段落の中心文を見つけることができるようになりました。

○　物語文の学習では、友達が同じ叙述から自分とは違うことを読み取っていた時に、ノートにメモをしていました。友達の考えから学ぼうとする姿勢が、自分の考えを深めることにつながっていました。

△　説明文を要約する際に戸惑っていましたが、キーワードを友達に教えてもらったり、これまでの授業内容をまとめた掲示物を見たりして、読み進めることができました。10ページもある長文を簡潔にまとめられたということに、

自信をもつように声をかけました。

△　物語文の学習では、人物の気持ちを想像することが苦手なようでした。人物と同じ動きを実際にやってみて考えたり、「てれくさい」「心がはずむ」などの気持ちを表す言葉を教えたりして、支援しています。

［主体的に学習に取り組む態度］　　　　　　　　　　　評価のチェックポイント

●目的を意識して、中心となる語や文を見つけて要約し、学習課題に沿って分かったことや考えたことを粘り強く説明しようとしているか?

●進んで、登場人物の気持ちの変化について、場面の移り変わりと結びつけて具体的に想像し、学習の見通しをもって考えたことを文章にまとめようとしているか?

●文章を読んで理解したことに基づいて、感想や考えをもち、学習の見通しをもって分かったことを粘り強くまとめようとしているか?

◎　物語文の学習では、長文をよく理解し、人物の気持ちの変化について的確な感想を書くことができました。意味の分からない言葉が出てくるとすぐに調べたり、同じ作者の本を読んでいたりする姿がよく見られるようになりました。読解力が伸びてきたと感じています。地道な努力の成果です。

○　説明文の学習では、友達の考えを聞きながら何度も文章を読み返すことで、文章の構成や筆者の伝えたいことを正確に読み取れるようになってきました。また、この学習を生かして、意見文を書くことができました。

△　事典や図鑑で調べたことをポスターにまとめる活動では、文章を読み取ったり自分の考えをもったりすることが難しく、なかなか活動が進みませんでした。教師と一緒に文や絵を考え、ポスターが完成した時のうれしそうな顔が印象的でした。粘り強く取り組む姿勢を大切にしてほしいと指導してきました。

社会〈3年〉

指導要録の観点とその趣旨	
観点	趣旨
❶知識・技能	●身近な地域や市区町村の地理的環境、地域の安全を守るための諸活動や地域の産業と消費生活の様子、地域の様子の移り変わりについて、人々の生活との関連を踏まえて理解しているとともに、調査活動、地図帳や各種の具体的資料を通して、必要な情報を調べまとめている。
❷思考・判断・表現	●地域における社会的事象の特色や相互の関連、意味を考えたり、社会に見られる課題を把握して、その解決に向けて社会への関わり方を選択・判断したり、考えたことや選択・判断したことを表現したりしている。
❸主体的に学習に取り組む態度	●地域における社会的事象について、地域社会に対する誇りと愛情をもつ地域社会の将来の担い手として、主体的に問題解決しようとしたり、よりよい社会を考え学習したことを社会生活に生かそうとしたりしている。

1　身近な地域や市区町村の様子

[知識・技能]　　　　　　　　　　　　　　評価のチェックポイント

●身近な地域や自分たちの市(区・町・村)の位置、地形や土地利用、交通の広がり、公共施設の場所と働きなどを理解しているか。また、これらのものやことを観察、調査したり、資料で調べたりして簡単な絵地図や平面地図に分かりやすくまとめているか?

◎　地形と土地利用に関心をもって学習し、学校の○(方位)側には○○が多い、市の△(方位)側は△△が広がっているなど、地形、土地利用と方位を関連づけて理解することができました。

◎　市の地図を見て道路や鉄道の位置、公共施設の場所を読み取り、地図記

号を使って、分かりやすく地図にまとめることができました。

○　学校を中心に地域の様子をとらえ、学校の○（方位）側には○○があり、△
　　（方位）側には△△があることを理解することができました。

○　市の地図を見て学校はどこにあるか、○○駅（学校の最寄り駅）はどこにあ
　　るかを見つけ、位置関係を理解することができました。

△　田や畑、住宅や商店など、土地利用に関する視点を提示し、これらのもの
　　が地域のどこにあるか、学校から見てどの方位にあるかを確認しながら指
　　導してきました。

△　市の土地利用を絵地図にする時、○○と△△の位置関係にずれがありまし
　　た。○○から見て△△はどの方位にあるか、一緒に確かめながら指導しま
　　した。

［思考・判断・表現］　　　　　　　　　　　　　評価のチェックポイント

　●身近な地域や自分たちの市（区・町・村）について調べ、場所ごとの様子を比
　　べて違いがあることを考え、それを表現しているか？

◎　市の地形、土地利用に関心をもち、これらの情報が掲載された地図を活用
　　して市の○（方位）側は平地だから住宅が多くて人がたくさん住んでいる、△
　　（方位）側は山で△△（果樹名など）をつくっていると、地形と土地利用を
　　関連づけて考えることができました。

◎　市の公共施設に関心をもち、場所と働きについて調べるとともに、「多くの
　　人が集まる公共施設の近くには駅やバス停がある」と交通との関連にも気
　　づき、発表することができました。

○　私たちの市が県のどこに位置するか、周りにはどのような市区町村がある
　　かを調べ、発表することができました。

○ 自分がよく利用している○○（公共施設）について調べ、場所と施設の働き、そこへの行き方を学習カードにまとめることができました。

△ 市の土地利用について関心をもって調べることができました。調べる中で気づいたことや考えたこと、思ったことなども学習カードに記録すると学びが深まるので、意識して取り組むことができるように一緒に学習を進めました。

△ 調べる視点がなかなか定められなかったので、交通の広がりに着目して調べるよう指導しました。

〔主体的に学習に取り組む態度〕　　　　　　　　　　評価のチェックポイント

●身近な地域や自分たちの市（区・町・村）の位置や地形、土地利用などについて意欲的に調べ、特色や相互の関連を考えるなど学びを深めようとしているか？

◎ 身近な地域の地形や土地利用について、地図を使いながら説明したり、学区探検の時には道順を丁寧に説明したりする姿が見られました。

◎ 市の公共施設に関心をもって意欲的に調べるとともに、学習した地図記号を使って分かりやすく地図にまとめようとしていました。

○ 市の観光パンフレットを参考にして、おすすめの場所と行き方をまとめたパンフレットを楽しみながらつくることができました。

○ 学区探検に出かけた際には、自宅の近くにあるものをみんなに説明し、案内することができました。

△ 公共施設の名前と場所だけでなく、どんな働きをしているか、どんな人が利用しているかなども調べて、学びを深められるよう指導しました。

△ 学区探検に意欲的に取り組みました。一方で、探検で気づいたことや思っ

たことをメモしたり、まとめたりすることには消極的でした。具体的な場所
を提示して、どのようなことが心に残っているか問いかけながら指導しました。

2　地域に見られる生産や販売の仕事

〔知識・技能〕　　　　　　　　　　　　　　　　　評価のチェックポイント

●地域に見られる生産や販売の仕事における、地域の人々の生活との関わりや
願い、生産、販売する人の工夫を調べ理解し、これらのことを学習カードな
どにまとめているか？

◎　地域の○○づくりの学習では、つくっている場所やつくる工程、つくられた
ものが地域の人たちの生活を支えていることを、学習カードにまとめること
ができました。

◎　スーパーマーケットでのインタビューを通して、季節ごとに必要とされる物を
調査して仕入れたり、買い物に来た人が買いやすい場所を考えて商品を並
べたりするといった販売する人の努力や工夫を理解することができました。

○　地域でつくられているものと、それがつくられている場所を地図にまとめるこ
とができました。

○　スーパーマーケットでは、季節ごとにおいてある商品や並べる場所が違った
りすることを理解することができました。

△　○○づくりが行われている場所を地図に書き込むのに時間がかかりました。
方位と地図記号を復習し、これらをもとに場所を特定するよう指導しました。

△　スーパーマーケットで販売されている商品だけでなく、働く人の工夫につい
ても目を向けると、商品の量や値段に対する理解が一層深まります。

◎ ○○づくりの学習では、つくる工程に着目し、図を使って学習カードにまと
　めるとともに、この工程が安全で安心、質の高いものづくりにつながってい
　ることにも気づき、発表することができました。

◎ スーパーマーケットの見学を通して商品の産地や仕入れ先に着目し、産地・
　仕入れ先マップをつくってまとめるとともに、お店で働く人たちが様々な都道
　府県、国々と協力して商品を提供していることに気づき、発表することがで
　きました。

○ ○○づくりが行われている場所を調べて地図にまとめる活動の中で、○○
　づくりがそこの地形を生かして行われていることに気づき、そのことを発表
　することができました。

○ よく買い物に行く店について調べ、特売日やポイントカードなど、お店の販
　売の工夫をまとめて発表することができました。

△ ○○に対する見方や考え方が深められるよう○○づくりの工程を調べ、携
　わる人たちの工夫や努力に気づけるよう指導してきました。

△ お店の人の工夫について考えられるよう、今の季節に必要なものと、それ
　が並べられている場所を図で確認しながら指導してきました。

◎ 自分の生活を振り返り、○○について思うことを見学の際に質問することが

できました。また、その回答から○○づくりと自分の生活とのつながりについて改めて考え直すことができました。

◎ スーパーマーケットの見学の際には、野菜の産地に着目し、自分の食生活と他の都道府県、国々がつながっていることに気づくとともに、どこでつくられた物を1番食べているかという課題をもつことができました。

○ なぜこの地域で○○がつくられるようになったかに興味をもち、見学の時にその理由を質問することができました。

○ この季節に必要な物について考え、それらの物がどこに並べられているか、見学の際に調べることができました。

△ ○○について思ったり、感じたりしていることを詳しく聞き取り、それをもとに見学したり、調べたりするよう指導しました。

△ 野菜の種類だけでなく、量や値段、産地にも目を向けて学習を進めるよう指導しました。

3　地域の安全を守る働き

〔知識・技能〕　　　　　　　　　　　　　　　　評価のチェックポイント

●地域の安全を守るために、消防署や警察署などの諸機関が連携し、緊急時に対処する体制をとり、地域の人々と協力して防災・防犯に努めていることを調べ理解し、これらのことを図表などにまとめているか？

◎ 緊急司令室について調べ、ネットワークを示した図から、消防署は警察署や市役所など様々な機関と連携しながら現場に駆けつけ、消火活動をしていることを理解することができました。

◎ 地域の防災訓練や学校の避難訓練に消防署の人たちも参加していることを

振り返り、地域、学校と消防署が協力し合って防災に取り組んでいることを理解することができました。

○ 警察によるパトロールだけでなく、地域のボランティアの方による安全見守り活動、「子ども110番の家」の設置など多くの人の協力で地域の安全が守られていることを理解することができました。

○ 緊急通報電話番号に電話すると緊急司令室につながり、そこから様々なところに指令がいくことを理解することができました。

△ 緊急司令室を中心としたネットワーク図を読み取ることができました。ただ、他の機関に連絡する理由については、理解が不十分だったので、具体的な場面を示しながら指導しました。

△ 登下校や普段の生活を振り返ることで、地域の安全は警察だけでなく、住んでいる人たちも協力して守っていることに気づけるよう指導しました。

〔思考・判断・表現〕   評価のチェックポイント

●施設、設備の配置、緊急時への備えや対応に着目して、関係機関や地域の人々の活動を調べ、それぞれの願いや工夫、努力、相互の関連を考え、表現しているか？

◎ 地域に設置されている消火栓、消防水利、消火器を調べ、地図に書き込みました。この活動の中で、地域のどこで火災が起きても、消火活動ができるように配慮されていることに気づき、作成した地図を使って友達に説明することができました。

◎ 警察官の仕事に関する資料から、パトロール以外にもたくさんの仕事をしていることを読み取りました。そこから、地域の安全を守るためには様々な方面からの活動が必要であることに気づき、自分が協力できることを考えることができました。

○　カーブミラーが設置されているところはお互いが見えづらい場所であること
　　を理解し、安全に通過するためにはスピードを落としたり、一時停止をした
　　りすることが必要だと考えることができました。

○　火事の原因が書かれた資料を読み取り、火事を防ぐために自分たちができ
　　ることを考え、発表することができました。

△　消火栓、消火器等の配置と速やかな消火を結びつけて考えられるよう「こ
　　こで火事が起きた時には、どこの消火器を使うかな」といった具体的な場
　　面を提示しながら指導しました。

△　消防署と警察署の連携・協力について考えられるよう、火災や事故につい
　　て具体的に考え、どんな働きをする人が必要かを確認しながら指導しました。

〔主体的に学習に取り組む態度〕　　　　　　　　　　評価のチェックポイント

　●地域の防災・防犯に携わっている人々の努力や工夫について調べ、そこから
　　自分も地域の安全に協力しようとしているか？

◎　火事のおそろしさについて考え、防ぐための工夫や活動に関心をもちまし
　　た。消防署を見学した際には、日々の訓練や備えの大切さを深く認識して
　　いました。

◎　地域の方によるパトロール、登下校の安全見守り活動など、自分の生活を
　　振り返り、地域の安全、自分の安全は様々な人に守られていることに気づき、
　　自分にできることがあれば協力したいという思いをもつことができました。

○　地域に設置されている消火器を調査した際には「そろそろあるはずだ」と設
　　置場所の間隔を考えながら調査しました。

○　消防署見学の際には、指令から出動までの時間を短くする工夫を聞き、メ
　　モを取ることができました。

△ 警察の努力や工夫に着目できるよう、1日の仕事について書かれた資料をもとに、仕事内容を詳しく指導しました。

△ 消防・防火設備を探すことに夢中になり、位置、場所をメモすることを忘れることがありました。しっかりと記録もするよう指導しました。

4 市の様子の移り変わり

〔知識・技能〕	評価のチェックポイント

●市の様子の移り変わりについて、聞き取りや資料をもとに調べ、時間の経過とあわせて理解し、これらのことを年表などにまとめているか？

◎ 七輪を使った時には「火がつくまでに時間がかかるし、疲れる」と実体験をもとに、理解することができました。また「七輪と比べて今のガスコンロはすぐ火がつく」と、火がつくまでの時間が改善されていることに気づくことができました。

◎ 市の人口の移り変わりを資料をもとに調べ、この100年間の変化を10年ごとのグラフにして表すことができました。

○ ○○（道具名）に興味をもち、今の○○と昔の○○を比較して、その違いを学習カードにまとめることができました。

○ 昔の写真と今の写真を見比べて、田や畑が減ったこと、建物が増えたことに気づくことができました。

△ 道路や建物、道具などに着目して、今のものと昔のものを比べることによって、時間の経過に伴う変化が理解できるよう指導しました。

△ 道具の改良によって人々の生活がどう変化したかが理解できるよう、使う際の手間に着目するよう指導しました。

> ●道路の整備や公共施設の建設、生活の道具の変化などの経緯について調べて市や人々の生活の様子をとらえ、文章で記述したり、年表にまとめたりしているか？

◎　今と昔の写真を見比べて、田や畑が減り、住宅が増えていることに気づくことができました。また、住宅が増えたことから、人口も増えたという予想を立て、関連を調べることができました。

◎　電化製品が普及する前と後の家事にかかる時間に着目し、かかる時間が減った分、他の仕事をしたり、休んだりできるようになったと考えることができました。

○　今の道路と昔の道路を見比べて、道路ができるだけまっすぐになるよう整えられていることに気づき、このことを地図を使って説明することができました。

○　人口の増加に伴い、学校や公民館など、公共施設が建てられていったことを資料で示しながら説明することができました。

△　市や人々の生活の様子について考えを深められるよう、道路、土地利用という視点を定め、今と昔を比較するよう指導しました。

△　昔と今の道具を比べる時に、昔の人たちは、どこに課題をもっていたか考え、改良のポイントをはっきりさせるよう指導しました。

教科
社会〈3年〉

〔主体的に学習に取り組む態度〕 　　　　　　　　　　　　　評価のチェックポイント

●市の様子の移り変わりや人々の生活の様子について調べながら関心を深める
とともに、地域に対する誇りと愛情をもち、地域社会の一員として、発展を
願おうとしているか？

◎ 公共施設の建設について調べる中で、地域住民や市がよりよい生活、より
便利な生活を願い、尽力してきたからこそ今の自分の生活があることに気
づくことができました。

◎ 学習を進める中で、人々はよりよい暮らしを求めて努力してきたことに気づ
き、これからの生活や地域に必要なこと、ものについて考えをめぐらせました。

○ 日頃使っている公共施設に興味をもち、いつ造られたかや同じような施設
は市内にいくつあるかなどを調べることができました。

○ 日頃使っている道具の昔の姿に関心をもち、様々な道具について調べる姿
が見られました。

△ どの課題について調べるかを決められないでいたので、日頃の生活を一緒
に振り返り、関わりが多い課題を見つけて指導しました。

△ 昔の道具は不便で、今の道具は便利と二極化でとらえ決めつけるのではな
く、どうして便利になったのか、その経緯も併せて考えるよう指導しました。

社会〈4年〉

指導要録の観点とその趣旨	
観点	趣旨
❶知識・技能	●自分たちの都道府県の地理的環境の特色、地域の人々の健康と生活環境を支える働きや自然災害から地域の安全を守るための諸活動、地域の伝統と文化や地域の発展に尽くした先人の働きなどについて、人々の生活との関連を踏まえて理解しているとともに、調査活動、地図帳や各種の具体的資料を通して、必要な情報を調べまとめている。
❷思考・判断・表現	●地域における社会的事象の特色や相互の関連、意味を考えたり、社会に見られる課題を把握して、その解決に向けて社会への関わり方を選択・判断したり、考えたことや選択・判断したことを表現したりしている。
❸主体的に学習に取り組む態度	●地域における社会的事象について、地域社会に対する誇りと愛情をもつ地域社会の将来の担い手として、主体的に問題解決しようとしたり、よりよい社会を考え学習したことを社会生活に生かそうとしたりしている。

1 都道府県の様子

〔知識・技能〕　　　　　　　　　　　　　　　　　　　　評価のチェックポイント

●47都道府県の位置と名称、自分たちの県の位置、地形、産業、交通網や主な都市の位置をとらえ、地理的環境を考え理解し、これらのことを白地図などにまとめているか？

◎　地図帳から様々な情報を読み取ることができています。私たちの県の形や県に隣接する県はもちろんのこと、工場の多くは県の東部に集まっていること、農業は県の西部で主に行われていることなど、産業の分布についても理解することができました。

◎ 47都道府県の位置と名称を理解することができました。また、神奈川県の北には東京都、西には静岡県など方位も併せて言えるほど深く理解しています。しっかりと頭の中に日本地図をイメージできている証です。

○ 県内の農業について興味をもち、調べていました。調べたことを地図にまとめ、○○県（都道府県名）農業マップをつくることもできました。

○ 地図帳を見て、私たちの県の南側は大きく海に面していること、北側は山が連なっていること、○○県（都道府県名）と隣接していることを理解することができました。

△ 新幹線が好きなので、そこから新幹線は県内のどの都市に駅があるか、どの都道府県とつながっているかなど、地図を提示しながら県内の主な都市や隣接する都道府県について理解できるよう指導しました。

△ 47都道府県の名称はほとんど理解しています。一方で位置は不確実なところがあるので、地図帳で確認する時には北にある都道府県から確認するなど、順番を決めて位置を確認するよう指導しました。

〔思考・判断・表現〕　　　　　　　　　　　　　　評価のチェックポイント

●県の位置や全体の地形、産業の分布、交通網、都市の位置などの観点から県について調べ、それをもとに地理的環境の特色を考え、文章で記述したり、資料などを用いて説明したりしているか？

◎ 県の産業に着目して調べる中で、大きな河川沿いには工場が多くあること、海沿いの都市では魚介類を使った名産品があることなど、地形と産業を結びつけて考えることができました。また、このことを地図を活用してまとめ、みんなに説明することができました。

◎ 県内の鉄道に興味をもち調べていく中で「多くの列車が停車したり多くの路線が集まったりする駅がある都市は、人口が多い都市」と鉄道網と都市の

人口の関連に気づくことができました。また、それを地図とグラフを活用してまとめ、説明することができました。

○ 県内の地形に興味をもって調べ、主な山地や平地、川や海を白地図に書き表すことができました。

○ 交通網に興味をもって調べ、県内の主な都市までの鉄道と自動車での所要時間、その都市に至る路線と道路を記述した○○県アクセスマップをつくり、紹介することができました。

△ 県の主な都市や山、河川の名前は知っているものの、県のどの辺りに位置しているかは把握できていませんでした。方位とともに改めて学習し、地図上に表せるよう指導しました。

△ 県内の主な道路と鉄道に興味をもって調べ、白地図に書き込むことができました。ただ、相互の位置関係に大きなずれが見られたので、方位を意識し、正確に表現することを心がけるよう声かけをしました。

〔主体的に学習に取り組む態度〕　　　　　　　　　　　　評価のチェックポイント

●自分が生活している都道府県の様子や特色を調べることを通して、県（都・道・府）のよさに気づき、地域社会に対する誇り、愛情をもとうとしているか？

◎ 県内の産業に関心をもち、インターネットや本、多くの資料を用いて調べることができました。同じ県でも地域ごとに違いがあることに気づき、私たちの県の多様性に関心を深めていました。

◎ 県内の地形について調べる中で、私たちの県には豊かな山地があり、そこから川や湖に水が豊富に流れていること、これらの豊かな自然環境を生かし農業や観光が発展していることに気づくとともに、私たちの県の自然環境の素晴らしさを実感していました。

○ 県内の産業を調べる中で、各地域がそれぞれのよさや強みを生かして産業を展開していることに関心をもつことができました。

○ 県内の産業を調べる中で、詳しく知りたいと思ったことに対しては、粘り強く資料を探し、課題解決を図る姿が見られました。

△ 知っているからということで資料を確認しないまま学習を進めることがありました。資料で確認したり、資料を提示して説明したりすることは社会科で培いたい力ですので、資料で確認するよう指導しました。

△ 調べる課題を設定するまでに時間がかかりました。課題に対してどのような資料を集めるとよいか1つずつ確認しながら、指導しました。

2 人々の健康や生活環境を支える事業

〔知識・技能〕　　　　　　　　　　　　　　　　　　　評価のチェックポイント

●健康や生活環境を支える事業と自分の生活との関わり、事業者が計画を立て改善に努めていることを理解し、これらのことを図表などにまとめているか?

◎ 浄水場の見学を通して、浄水場で働く人たちが多くの人の健康・安全を確保するため、様々な仕組みを考えたり、検査をしたりしていること、もしもの時を考えて他の自治体と連携して水を供給するための体制を整えていることを理解し、図に表すことができました。

◎ 自宅からごみとして出されたものを、処理場では有害物質を出さないように処理していることを理解することができました。また処理するだけでなく、処理したものが社会の中で役に立つよう工夫していることも理解し、学習カードにまとめることができました。

○ 浄水場の場所、取水している場所、配水場の場所を調べ、白地図に書き

込み、家庭に供給されるまでの過程をまとめることができました。

○ 地域のごみの分別方法や回収日、回収場所を調べ、図表と地図を使ってまとめることができました。

△ 水道と日常生活のつながりを詳しく確認できるよう、1日の生活を振り返り、水を使う場面を具体的に取り上げながら指導しました。

△ ごみの分別方法について実物を見せながら確かめ、ごみの種類によって処理の仕方が違うということを理解できるよう指導しました。

〔思考・判断・表現〕　　　　　　　　　　　　　　評価のチェックポイント

●健康や生活環境を支える事業における供給の仕組みや経路、処理の仕組みや再利用、人々の協力などの観点から事業について調べて様子をとらえるとともに、事業が果たす役割を考え、文章で記述したり、図表などにまとめたりしているか？

◎ 水道水が家庭に届くまでの経路に関心をもち調べることができました。その中で水源が森林であることに気づき、安全な水を安定して確保するためには、森林の保護が重要であると考え、そのことを呼びかけるポスターを作成しました。

◎ ごみとして出されたものが資源として再利用されるまでの過程を調べる中で、処理場が環境のことを考えて事業を行っていることに気づくことができました。そこから、ごみを減らすために自分ができることを考え発表することもできました。

○ 森林に降った雨が水道水として家庭に届くまでの過程を、資料を活用し順を追って説明することができました。

○ ごみ処理場では、どのようにしてごみを資源にしているか、その資源はどの

ようなものに再生されるかを図にまとめて説明することができました。

△ 水道水に対する見方や考え方を深めるため、浄水場では安全な水にするために、どれだけの人が仕事をし、どれだけの時間をかけているかなど、具体的な数字を挙げながら指導しました。

△ ごみの分別が資源としての再利用や再生につながっていくことに結びつくよう、ごみの種類による処理の仕方を1つずつ確認しながら指導しました。

〔主体的に学習に取り組む態度〕　　　　　　　　　　評価のチェックポイント

●健康や生活環境を支える事業について調べ、事業者の工夫や努力に気づき、地域社会の一員として生活環境の維持、向上への思いを深めようとしているか？

◎ 学習を通して水道水は自然環境からもたらされていること、浄水場の人たちが多くの手間と時間をかけて飲んでも安全なものにしていることに気づき、無駄遣いをせずに、節水する必要性を強く感じていました。

◎ ごみ処理場で1日に処理するごみの量を聞き、生活環境の維持・向上のためには、ごみ処理場の工夫だけでなく、1人1人がごみを減らすという気持ちをもつことが必要だと感じることができました。

○ 自分の水の使い方を振り返り「一生懸命つくってくれたものを無駄にしていた」と水の使い方を考え直し、節水に対する意欲を高めることができていました。

○ ごみの処理の仕方や再利用、再生に関心をもち、ごみ処理場見学の際に、積極的に質問をすることができました。

△ 浄水場で働く人の工夫や努力に気づき、水を大切に使えるよう、資料を丁寧に確認しながら、水が家庭に届くまでの過程を指導しました。

△ ごみ処理場で聞いてきた話やごみの量のグラフを確認し、ごみを減らすために自分ができることを考えるよう指導しました。

3 自然災害から人々を守る活動（県内）

〔知識・技能〕 評価のチェックポイント

●県や市、警察や消防などの機関、地域住民が協力して、自然災害から人々の安全を守るための対処、備えをしてきたことを理解し、これらのことを学習カードなどにまとめているか？

◎ 市の防災計画を読み、地理的特徴から、どのような災害を想定しているか知ることができました。また、どこで、どのような災害が想定されているか、地図に書き込むことができました。

◎ 地域の防災訓練や災害時の避難場所の運営など、自然災害に対し、県や市だけでなく地域住民も協力して対処していることを理解し、訓練の内容や避難所について学習カードにまとめることができました。

○ 私たちが住む県では、過去にどんな自然災害があったかを調べ、年表にまとめることができました。

○ 市の防災無線や消防による呼びかけも、自然災害から人々を守る活動であることに気づき、どういった時に、どのようなことを呼びかけるか一覧表にしてまとめることができました。

△ どのような自然災害が想定されているか理解することができました。一方で詳細については不正確だったので地図を使い、想定されている場所の地形など詳細を確認するよう指導しました。

△ 市役所だけでなく消防や警察、地域住民も連携・協力して防災に取り組んでいることが理解できるよう、防災訓練の様子を見せながら指導しました。

●過去に県内で起きた自然災害やその被害について調べ、県や市、警察や消防
などの機関、地域住民がどのように対処し、どういった備えをしているかを
とらえるとともに、防災について考えたことを文章で記述したり図表などに
まとめたりしているか？

◎　過去に県内で起きた自然災害とその被害、その後の対応について調べるこ
　とができました。これらを年表にまとめるとともに、このような経緯から現在
　の防災対策、対応が行われているということを、過去の災害と今の対策と
　のつながりから考えることができました。

◎　自然災害が起こった時、県や市、警察や消防などの機関、地域住民はど
　のような行動をするか調べて表にまとめ、それを使ってみんなに説明するこ
　とができました。

○　過去に県内で起こった自然災害をもとに、自分が住んでいる地域で起こる
　可能性がある自然災害とその対応について考えることができました。

○　県や市による防災訓練や防災マップをもとに、自然災害が起こった時の避
　難の仕方や過ごし方について考えることができました。

△　ハザードマップや地域の地理的環境をもとに、自分が住んでいる地域はど
　のような災害が起こる可能性があるかを考えるよう指導しました。

△　過去の台風による被害を調べるという課題を設定し、資料を一緒に確認し
　ながら、どの地域で、どのような被害があったかを表にまとめ、説明できる
　よう指導しました。

●過去の自然災害による被害について調べ、県や市、警察や消防などの機関、
　地域住民が連携し、対処・対策をしてきたことに気づき、地域社会の一員と
　して、防災に対する思いを深めようとしているか？

◎　過去の自然災害とそれによる被害を調べる中で、市と地域住民が連携・協
　　力して防災訓練を行う理由に納得し、積極的に参加しようとする思いをもつ
　　ことができました。

◎　県や市、警察や消防などの諸機関、地域住民の連携・協力を調べる中で、
　　地域住民として自分ができることを積極的に考え、発表することができました。

○　自然災害のおそろしさを認識するとともに、ただ怯えるのではなく、様々な
　　機関、多くの人たちと連携・協力して対応・対処することが大切であるとい
　　う思いをもつことができました。

○　防災倉庫に興味をもち、備蓄されているものとその使い道について調べる
　　ことができました。

△　自分自身に関わる課題であることを認識できるよう、ハザードマップを見て
　　想定される被害を一緒に考えたり、その時自分はどうするかと問いかけたり
　　して指導しました。

△　地域にある擁壁や堤防などの防災対策設備と、その周りの環境を具体的
　　に取り上げ、誰が、何のためにつくったかを丁寧に確認しながら、指導し
　　てきました。

教科
社会〈4年〉

4　県内の伝統や文化、先人の働き

〔知識・技能〕　　　　　　　　　　　　　　　　　　評価のチェックポイント

●地域の人々が受け継いできた文化財や年中行事に込められた思いや願いを聞き
　取ったり、資料を読み取ったりすることを通して、それらを理解しているか？
●地域の発展に尽くした先人の業績、成し遂げるまでの苦心や努力を、見学す
　ることや資料を読むことを通して調べ、理解しているか？

◎　地域の神社で行われるお祭りに、父母も祖父母も子どもの頃から参加して
　きたことをきっかけに、お祭りが始まった年と理由について神社に尋ね、○
　○年前から行われていること、お祭りをするきっかけとなった出来事につい
　て理解することができました。

◎　○○（先人の名前）のことを調べる際には、○○の業績だけでなく○○も当
　時の人たちもこの地域で起こる□□（自然災害等）に悩まされ、苦しい生活
　を強いられていたこと、□□を○○を中心に当時の人たちが協力して乗り越
　えたからこそ、今の私たちの生活があることも理解することができました。

○　父母や祖父母、お祭りを運営する地域の人に話を聞き、昔から地域の人
　たちの手によって、お祭りが開催され、受け継がれてきていることを理解す
　ることができました。

○　○○（先人の名前）は、地域の人々の苦しみを理解し、自身の生涯を通し
　て人々を苦しみから救おうとしたことを、資料館の見学や資料の読み取りを
　通して理解することができました。

△　お祭りがいつ、どこで、行われているか、どのような露店があるかなど、現
　在のお祭りの様子については詳しく言えましたが、資料を読んで昔の様子
　を調べることに対しては、消極的なところが見られたので、資料から読み
　取ることの大切さを伝えてきました。

△　○○（先人の名前）の業績について調べることができました。さらに当時の人々の暮らしや苦しみについても調べると、より深く○○の苦労や努力、成し遂げたことの価値を理解することができます。今後の社会科の学習では、関連することについて調べることを意識させていきたいと思います。

［思考・判断・表現］　　　　　　　　　　　　　　評価のチェックポイント

● 県内の文化財や年中行事について、歴史的背景や現在に至る経緯、保存や継承の取組などの観点から調べて様子をとらえ、関わる人々の願いや努力を考え、これらのことを文章で記述したり、年表などにまとめて説明したりしているか？

● 県内の先人の働きを、当時の世の中の課題や人々の願いなどと関連付けて調べて先人の具体的事例をとらえ、地域の発展について考えたことを、文章で記述したり、年表などにまとめて説明したりしているか？

◎　○○（地域の文化財）の保存に取り組んでいる人に話を聞き、日々の仕事や苦労していることを学習カードにまとめるとともに、地域の人が○○のことをどう思っているかも調査し表にまとめることができました。また、その表を使って、どれほど○○が地域の人たちに大事にされているかを説明することができました。

◎　○○（先人の名前）の業績と当時の人々の苦しみや願いを関連付け、年表にまとめるとともに、重要な場面をストーリー仕立てにし、友達に語ることができました。

○　お祭りに使われているお神輿が地域の人によって修繕、保管されていることを知り、修繕方法や保管場所を図を使って説明することができました。

○　○○（先人の名前）の苦労や努力について詳しく調べ、学習カードに順を追って分かりやすく書くことができました。

△　地域のお祭りに対する見方や考え方を深めるために、運営する人たちの苦労や思いについても調べるよう指導しました。

△ ○○（先人の名前）の業績について調べることはできましたが「どうしてそのようなことをしたのか」という質問には、答えることができませんでした。当時の世の中、暮らす人たちの苦労や願いも併せて調べるよう指導しました。

〔主体的に学習に取り組む態度〕　　　　　　　　　　　　　　　　評価のチェックポイント

● 県内の伝統や文化、先人の働きについて調べる活動を通して、地域の苦心、願い、発展に気づき、地域に対する誇り、愛情を深め、地域社会の一員として発展を願おうとしているか？

◎ 地域のお祭りについて調べることを通して、運営する人たちが地域の人たちの幸せや楽しみを願い活動していることに感銘を受け、成長したら運営に携わりお祭りを受け継ぎたいという思いをもつことができました。

◎ ○○（先人の名前）の業績以上に、○○の地域の人を思う心、地域の発展を願う心に強く感銘を受け、苦しむ人や困っている人のことを思い、行動することの素晴らしさ、尊さを感じていました。また、そういった思いや行動の積み重ねがあって、今の地域があると地域の先人たちに感謝の気持ちをもつことができました。

○ 地域の人が○○（文化財）の保存に携わり、多くの人が○○を地域のシンボルとして大切にしていることを知り、自身も地域の一員として大切に扱い、受け継ぎたいという思いをもつことができました。

○ ○○（先人の名前）について書かれた本を読み、さらに詳しく知るために、本の記述をもとに見学の視点を事前に決めて見学することができました。

△ お祭りについて調べる視点をなかなかもてずにいたので、いつ始まったか、どうして始まったかの2つのうちのどちらかを選んで調べるよう指導しました。

△ ○○について知ってはいたものの資料を読んで詳しく知ることに消極的でした。一緒に資料を読み、ポイントとなる部分に印を付けるよう指導しました。

5 県内の特色ある地域の様子

〔知識・技能〕 　　　　　　　　　　　　　　　　　　　評価のチェックポイント

●人々が協力し、特色あるまちづくりや観光などの産業の発展に努めていることを地図帳やコンピュータなどを用いて調べ、特色のある地域の様子について理解しているか？

◎　○○町（特色ある市区町村）の□□（産業）について調べることを通して、□□が○○町の自然環境からもたらされるものでつくられていることに気づき、地図帳を使って○○町の地形を確認していました。また、□□のために町の人たちが自然環境を大事にしていることも理解することができました。

◎　○○町（特色ある市区町村）でつくられている□□（農作物）はおいしいという評判を聞き、気象条件や地形、つくっている人の工夫や努力を調べ、町一丸となって、おいしい□□づくりに取り組んでいることを理解することができました。

○　古くからのまち並みを残している○○町（特色ある市区町村）について調べました。先人から受け継いだ美しいまち並みを、これからも残せるよう、多くの人が携わり、尽力していることに気づくことができました。

○　○○町（特色ある市区町村）が美しい自然を保護するために取り組んでいることを学習カードにまとめることができました。

△　○○町（特色ある市区町村）の特色について考えられるよう、地図帳で地形や土地利用の仕方が私たちの市と違うことを確認し、そこから環境が異なれば取り組む産業も異なることを指導しました。

△　○○町（特色ある市区町村）の□□（産業、農作物）について調べることができました。さらに、○○町のまちづくりについて深く理解するために、どうして○○町で□□づくりが行われるようになったかも調べるように指導しました。

教科
社会〈4年〉

83

> ●県内の特色ある地域を、位置や自然環境、産業の歴史的背景、人々の活動や協力関係などの観点から調べて様子をとらえ、その地域の特色について考えたことを文章で記述したり、白地図などにまとめたりしているか？

◎　○○町（特色ある市区町村）で□□（産業、農作物）づくりが行われるようになった理由を調べ、その歴史を年表にまとめるとともに、現在抱えている課題を学習カードに書くことができました。

◎　どうして私たちの市ではなく、○○市（特色ある市区町村）で□□（産業、農作物）づくりが行われているのかという疑問をもち、2つの市を比較して考えていくうちに、環境が大きく違うことに気づくことができました。また、違うところを表にまとめて発表することができました。

○　伝統工芸品である○○について調べ、○○づくりの技術を身につけるためにすることと、それにかかる時間を表にまとめ、発表することができました。

○　○○町（特色ある市区町村）に住む人たちが、景観を守るために努力したり、協力したりしていることを調べるとともに、私たちの市と比較し、どのようなところが違うかを考え発表することができました。

△　○○町（特色ある市区町村）の特色あるまちづくりについて考えるため、私たちが住む市と自然環境を比較するよう指導しました。

△　調べたことを表にまとめるのに時間がかかりました。○○について調べたメモの中から、大事な部分はどこか一緒に考え、表をつくりました。

〔主体的に学習に取り組む態度〕　　　　　　　　　評価のチェックポイント

●県内の特色ある地域の様子について調べることを通して、地域の自然環境、産業の歴史的背景、人々の活動や協力関係に気づき、地域に対する誇り、愛情を深め、地域社会の一員として発展を願おうとしているか？

◎　昔の技術を受け継ぐ○○（伝統工芸品）の職人の仕事ぶりに深く感銘を受け、この素晴らしい技術をこれからも残していきたいという思いを強くもつことができました。

◎　県内の特色ある地域を調べることを通して、自然環境と人々の努力や協力が合わさった時、特色あるまちづくりが始まることに気づくことができました。この気づきから、自分もまちづくりに協力したいという思いをもつこともできました。

○　○○町（特色ある市区町村）の□□（産業、農作物）づくりに関心をもち、たくさんの資料を集めて調べることができました。

○　○○町（特色ある市区町村）の□□（産業、農作物）づくりを調べた時に、○○町に住む人たちの□□に対する思いの強さにふれ、○○町に住む人たちの地域を愛し、誇りに思う心を感じることができました。

△　○○（産業、農作物）づくりについて知っていることが多い分、資料で確認することをおろそかにすることがありました。記憶だけに頼ることはミスをする原因となるので、しっかりと資料で確認することを指導しました。

△　意欲をもって取り組むことができるよう○○（伝統工芸品）の実物を見せたり、触らせたりして、どのようなことが気になるかを尋ねながら指導しました。

算数〈3年〉

指導要録の観点とその趣旨	
観点	趣旨
❶知識・技能	●数の表し方、整数の計算の意味と性質、小数及び分数の意味と表し方、基本的な図形の概念、量の概念、棒グラフなどについて理解し、数量や図形についての感覚を豊かにしている。 ●整数などの計算をしたり、図形を構成したり、長さや重さなどを測定したり、表やグラフに表したりすることなどについての技能を身に付けている。
❷思考・判断・表現	●数とその表現や数量の関係に着目し、必要に応じて具体物や図などを用いて数の表し方や計算の仕方などを考察する力、平面図形の特徴を図形を構成する要素に着目して捉えたり、身の回りの事象を図形の性質から考察したりする力、身の回りにあるものの特徴を量に着目して捉え、量の単位を用いて的確に表現する力、身の回りの事象をデータの特徴に着目して捉え、簡潔に表現したり適切に判断したりする力などを身に付けている。
❸主体的に学習に取り組む態度	●数量や図形に進んで関わり、数学的に表現・処理したことを振り返り、数理的な処理のよさに気付き生活や学習に活用しようとしている。

A 数と計算

〔知識・技能〕 　　　　　　　　　　　　　　　　　　　　　　評価のチェックポイント

- ●3位数や4位数の加法・減法について式の成り立つ性質や計算の仕方を理解して確実に答えを導いたり、それらを適切に用いたりしているか？

- ●2位数同士をかけたり、3位数に2位数をかけたりする乗法の成り立つ性質や計算の仕方を理解して確実に答えを導いたり、それらを適切に用いたりしているか？

- ●除数と商がともに1位数である除法の成り立つ性質や計算の仕方を理解し、確実に計算しているか？

- ●小数や分数の意味と表し方や、加法、減法の計算がどのような場面で用いられるかを理解し、確実に計算しているか？

◎ かけ算の筆算の仕方を確実に理解し、正確に計算をすることができます。また、どんな時にかけ算の式になるのかについてもしっかり理解しています。

◎ 15÷3の式から「みかんが15個あります。1人に3個ずつ分けると何人に分けられるでしょう」と問題をつくることができるなど、わり算の式をしっかりと読み取る力が身についていて感心しました。

○ かけ算やわり算の計算練習に繰り返し取り組んできた成果が表れ、確実に計算ができるようになりました。これからも努力を続けるよう声をかけ、励ましていきます。

○ 3桁や4桁のたし算やひき算の筆算の仕方を理解し、位取りを間違えることなく、確実に計算することができるようになってきました。こつこつ努力する姿に感心しました。

△ わり算の計算練習に取り組み、基本的な計算の仕方は少しずつ身についてきています。確かな力として定着させるため、落ち着いて練習問題に取り組むよう励ましています。

△　小数については、数直線に表すと整数と同じように考えられることに気づき、
　　何度も練習問題に取り組んでいました。じっくり落ち着いて考えるよう指導し
　　てきました。

┌───┐
│ 〔思考・判断・表現〕　　　　　　　　　　　　評価のチェックポイント │
├───┤
│ ●3位数や4位数の加法及び減法の計算の仕方を既習の計算方法をもとにして考 │
│ 　えているか？ │
│ ●2位数同士や3位数に2位数をかける乗法の計算の仕方を、乗法九九などの基 │
│ 　本的な計算をもとに考えているか？ │
│ ●整数の除法の計算の仕方について、整数の乗法の計算をもとにして考えてい │
│ 　るか？ │
│ ●1／10の位までの小数の加法や減法の計算の仕方や、簡単な分数の加法や減 │
│ 　法の計算の仕方を考えているか？ │
└───┘

◎　12×47のような計算では、これまでの学習をもとに47を十の位と一の位に
　　分けて計算すればよいことに気づき、自分の考えをノートにまとめることが
　　できました。友達にも分かりやすく説明することができました。筋道立てて
　　考える力が身についています。

◎　小数でも、整数と同じように数の大きさを比べることができるかどうかを考
　　え、図や数直線を用いて表したり、0.1Lを単位としてそのいくつ分かを考
　　えたりするやり方を分かりやすく説明することができました。

○　3位数や4位数のたし算やひき算の仕方を、今まで習った計算の仕方をもと
　　に考えたり、分数のたし算やひき算の仕方を図や数直線を使って考えたり
　　することができました。

○　わり算はかけ算を活用して計算できることに気づき、図や文を使って分かり
　　やすく説明することができました。

△　数字を物に置き換えたり、ノートに図をかいたりしたことで、初めは難しい
　　と感じていたわり算の考え方がだいぶ身についてきています。かけ算九九

を活用して答えを導けるよう、指導を繰り返してきました。

△ 授業中はまじめに取り組んでいますが、どのように考えたのかを説明する段階になると考え込んでしまいます。答えを導き出す過程が大切なので筋道立てて考えられるよう指導してきました。

〔主体的に学習に取り組む態度〕　　　　　　　　評価のチェックポイント

●乗法の計算の仕方を考えたり活用したりするとともに、除法の意味や計算の仕方について、乗法と関連付けながら考えたり、必要に応じて具体物を操作したりしようとしているか？

●小数や分数のよさに気づき、進んで生活や学習に生かそうとしているか？

◎ 計算練習に意欲的に取り組み、素早く計算する力を身につけていました。図や数直線を使って自分の考えをどんどんノートに書きこんでいく姿は、クラスのみんなの手本となっています。

◎ 整数でぴったり表せない時に小数や分数を使うことのよさに気づくだけではなく、身の回りにある小数や分数で表されたものをたくさん見つけ、「小数や分数はとても便利だ」という感想をノートに書くなど、とても意欲的に学習に取り組んでいました。

○ 「あるもののいくつ分かを求める時は、かけ算の式だね」というように、生活の中にもかけ算が使える場面がたくさんあることに気づいていました。

○ わり算の学習では、おはじきを使って考えたり、ノートに図をかいて表したりするなど、意欲的に学習に取り組んでいました。かけ算九九を使って答えが求められることに気づき、繰り返し練習問題に取り組んでいました。

△ 学習への取りかかりが早くなり、うれしく思っています。わり算では、おはじきを使って答えを導こうと努力をしていました。やればできる力をもっているので引き続き励ましていきます。

△ 分数でも整数と同じように、数直線に表すことができたり、10個集まると位が大きくなったりすることを繰り返し声をかけ、指導をしてきました。

B 図形

◎ 円の中心や半径、直径などの用語の意味や円の性質についての知識を確実に身につけています。また、コンパスの使い方もよく理解し、正確に円をかくことができます。

◎ 円について、円周上のどの点も中心から等距離にあることに気づき、その性質を使って二等辺三角形を作図することができました。円や三角形の性質に対する理解が深まっています。

○ 円について、中心、直径、半径などの意味をしっかり理解しています。また、コンパスや定規を使って上手に作図することができました。

○ 合同な二等辺三角形や正三角形を敷き詰める活動を通して、これらの図形で平面が敷き詰められることを理解したり、敷き詰めた平面の中から別の図形を見つけたりすることができました。

△ 二等辺三角形や正三角形をかくために、辺の長さに気をつけて定規やコンパスを使うよう声をかけ、指導をしてきました。

△ 円や球の中心や半径、直径などが理解できるよう、一緒に作図したり、立

体模型を用いたりして指導してきました。定着できるよう励ましていきます。

〔思考・判断・表現〕 　　　　　　　　　　　　　　　　評価のチェックポイント

●二等辺三角形や正三角形について、構成の仕方を考えたり図形の性質を見い
だしたりしているか？

●作図などを通して、円の性質に気づいているか？

◎ コンパスを使うとなぜ二等辺三角形や正三角形が作図できるのか疑問をも
ち、「辺の長さが同じになるからだ」という自分の考えを友達に説明していま
した。自ら課題を見いだし、さらに自分の考えを伝えようとする姿勢に感心
しました。

◎ コンパスを使うと円や扇形が作図できることを利用して、複雑な図形や絵を
工夫してかいていました。アイデアが豊富で、友達のよい手本となっていま
した。

○ 二等辺三角形や正三角形の角に着目し、図形を折ったり三角定規を活用し
たりして同じ大きさの角を見つけることができました。また、いろいろな大き
さの円をかきながら、円の性質を見いだそうと工夫していました。

○ 二等辺三角形や正三角形では、切り抜いた三角形を折ると角がちょうど重な
ることから、角の大きさが等しいという図形の性質を見つけることができま
した。

△ 定規やコンパスを使って、二等辺三角形や正三角形、円などを正しくかくこ
とができます。三角形の辺の長さや角の大きさ、円と直径の関係など、図
形の性質についても関心をもてると、さらによいと思います。

△ 図形の特徴をとらえていくために、身の回りにある三角形をたくさん見つけ
たり、切り抜いた正三角形や二等辺三角形の角を重ね合わせたりしながら
指導してきました。

教科 算数〈3年〉

●コンパスなどを使って二等辺三角形、正三角形の辺の長さを確かめようとしたり、生活や学習に生かそうとしたりしているか？

●半径や直径は無数にあることや、直径は円の中心を通る直線であることなどを確かめようとしたり、それらを生活や学習に生かそうとしたりしているか？

◎ 三角形の辺の長さに注目し、身の回りにある二等辺三角形や正三角形をどんどん見つけていました。三角形の性質についてしっかりと理解できているからこそだと思います。

◎ コンパスを使って円をかくだけではなく、等しい長さを測り取ったり移動させたりすることができることにも気づき、たくさんの問題に意欲的に取り組んでいました。また、円の性質を利用して様々な複雑な図形を作図していて、感心しました。

○ 身の回りにある円や球の形を進んで探そうとしていました。また、コンパスを使って正確に円をかくために、丁寧に作図しようとしていました。

○ 自分がかいた円に中心を通るたくさんの直線を引き、円の直径や半径は無数にあるということを見つけ、友達に説明しようとしていました。

△ コンパスを使って円をかくことができるようになりました。身の回りにある円や球を探し、生活の中にもたくさん円や球があることに気づけるように声をかけてきました。

△ 二等辺三角形や三角形の辺の長さに着目し、それぞれの性質を見つけられるように励ましてきました。

C 測定

●測定の意味や単位同士の関係について理解し、目的に応じて適切に単位や計器を選んでいるか？

●時刻と時間について理解し、日常生活に必要な時刻や時間を求めているか？

◎ 物の重さが1gや1kgという単位で表されることをしっかりと理解しています。また、日常生活で目にする物の重さについて、どの単位を活用して表せばよいのか選ぶこともでき、感心しました。

◎ 木の回りなど、曲線部分の長さを測る場合には巻き尺を用いたり、1mの定規を用意して机の大きさを調べたりするなど、測るものの長さに応じて適切な計器を選択することができました。

○ 1mを1000倍すると1km、1gを1000倍すると1kgということをしっかりと理解し、単位の関係についてノートにまとめることができました。

○ 60秒で1分になるという時間の関係についてしっかりと理解できています。また、「何時間後」「何分後」というように日常生活に必要な時計の読み取りをすることもできています。

△ 短い長さについては定規を使って測ることができました。「1mの1000倍が1km」というような距離の単位については、図に表したり身の回りの長さに置き換えたりして繰り返し指導してきました。

△ 時刻や時間を求めるために、実際に時計の模型の針を動かして針が進んだ目盛りの数を数えたり、「何分後」について調べたりするように励ましてきました。

教科 算数〈3年〉

93

●かさ・重さ・量の単位の関係に着目し、その表し方について考えているか？

●時間の単位に着目し、時刻や時間の求め方について考察しているか？

◎　重さや長さの単位について学習する中で、それぞれの単位を表にまとめることができました。さらに、まとめた表の中からkやmなどの文字に着目し、その意味についても考え、友達に説明することができました。

◎　「○時○分の何分後」を考える時には、「時計の長針が12を過ぎる前と後に分けて考えれば分かりやすい」ということに気づき、時計の模型を使いながら友達に分かりやすく説明することができました。

○　1㎜の10倍が1㎝、1㎝の100倍が1mというように、何倍かということがしっかりと分かるように、ノートに表をかいてまとめることができました。

○　時計の模型を友達と一緒に操作しながら、時刻と時間の関係について考えていました。目盛りをしっかりと読み取ることが大切ということに気づき、ノートにまとめていました。

△　巻き尺や定規を使って長さを測る活動には意欲的に取り組んでいました。目盛りを丁寧に読み取ったり、結果を表にしてノートにまとめたりすることのよさに気づくよう、声をかけてきました。

△　どうすれば「○○の何分後」が分かるのか、一生懸命に考えていました。時計の模型を操作したり、友達の話を聞いたりしながら、どのようにして考えればよいのかが少しずつ分かってきました。

●量を数値化する必要性やよさに気づき、身の回りの物の測定などをしようと
　しているか？

●測定して得られた数値を適切な単位に選択するよさに気づき、扱いやすい大
　きさにしようとしているか？

●時刻と時間の関係について、意欲的に調べたり考えたりしようとしているか？

◎　定規だけではなく、巻き尺を使うといろいろな物や場所の長さを測れること
　　に気づき、積極的に長さ調べに取り組んでいました。また、長さによって
　　適切な単位を選ぶことで、分かりやすく表せることに気づいていました。

◎　模型の時計を操作して、時刻と時間の関係について意欲的に調べていまし
　　た。操作をする中で気づいたことをノートにまとめ、友達に一生懸命説明し
　　ていました。「時計はいつも使っているものだから」と意欲的に学習に取り
　　組んでいて、感心しました。

○　友達と協力して、学校にある物の長さを測り、ノートに分かりやすくまとめる
　　ことができました。

○　問題文を日常生活の場面に置き換えて考えようとしていて感心しました。「時
　　刻と時間の学習を、日常生活に生かしていきたい」とノートに感想をまとめ
　　ていました。

△　教室にある物の重さを、友達と協力して量っていました。繰り返し量ったり
　　見当をつけたりする中で、少しずつ物の重さを量ることが楽しくなってきまし
　　た。

△　時間がどれだけたったのかを調べるために、実際に時計を操作したり、数
　　直線に表したりしながら繰り返し指導してきました。生活に役に立つという
　　ことが実感できるとさらに身につくため、普段の生活の中でも声をかけて一
　　緒に考えてきました。

教科
算数〈3年〉

D　データの活用

> 〔知識・技能〕　評価のチェックポイント
>
> ●日時や場所の観点などからデータを分類整理し、表に表したり、読んだりしているか？
> ●棒グラフの特徴やその使い方を理解しているか？

◎　棒グラフをかく時には、数値によって目盛りの取り方が違うことや、1番大きい数値によってグラフの縦軸を決めることに気づきました。しっかり理解をしたことで、分かりやすく棒グラフに表すことができました。

◎　表の読み取りが正確で、棒グラフにするために必要な数値をすぐに読み取り、正確に棒グラフをかくことができます。また、全体の合計の出し方も分かりやすく説明することができ、感心しました。

○　棒グラフをかく学習では、数値を表にした資料をもとにして適切な目盛りの大きさを考えながらグラフを作成していました。

○　「棒グラフのよさは、すぐに違いが分かること」ということに気づき、自分の考えを友達に説明することができました。

△　棒グラフをかく学習では、表の読み取り方や適切な目盛りの取り方について指導してきました。少しずつ棒グラフのかき方が身についてきています。

△　表やグラフの読み取りに慣れてきています。ただ、棒グラフでは目盛りの大きさに着目しないで読み取ることがあったので、1つの目盛りがどれくらいの大きさを表しているかに着目するよう声をかけてきました。

- 日時や場所の観点などからデータを分類整理し、表に表したり、読んだりすることを通して考えを深めているか？
- 身の回りの事象について表やグラフを用いて考察し、見いだしたことを表現しているか？

◎ 表や棒グラフの数値を正確に読み取ることはもちろん、「そこからどんなことが考えられるか」ということをしっかりと考察していて感心しました。自主的に学習を深めていこうとする姿勢が素晴らしいです。

◎ 「クラスのみんなが好きなスポーツについて調べる」という課題を自ら見いだし、クラスの友達にアンケート調査を行い必要なデータを集めていました。さらに、集めたデータを表やグラフに正確に表現することもできました。

○ 資料を表に整理する時には、どのようにしたらまとめやすいのかを考え、丁寧に学習を進めることができました。

○ 棒グラフの形や数値をよく見て、「どのような傾向があるのか」ということについてじっくりと考えてノートにまとめ、友達に説明することができました。

△ 調べたことをまとめる時には、正の字で表したり、表のような形にしたりするとよいことを繰り返して指導してきました。何度もやり直しながらも、自分が調べたことが棒グラフに表せた時は、とても満足そうでした。

△ 資料の分類整理では、どんなことを項目立てて表にまとめたらよいのか、1つ1つの資料をじっくり読み取りながら繰り返し指導してきました。

教科
算数〈3年〉

●表やグラフに整理することのよさに気づき、生活や学習に活用しようとして
いるか?

◎　数値を比べる時に、表やグラフに整理することのよさを「一目で比べること
　ができること」だと考え、意欲的に友達に説明していました。また、学習し
　たことの発展として、身の回りのことを題材にして資料を集め、表や棒グラ
　フに表す活動に積極的に取り組んでいました。

◎　「クラスのみんなが好きなスポーツ」についての棒グラフから、「サッカーが
　好きな子が多いのは、サッカークラブに入っている子が多いからだと思う」
　という自分の考えをもちました。表やグラフの数値を読み取るだけではなく、
　そこからどんなことが言えるのかを考える姿勢に感心しました。

○　「表とグラフ」の学習では、好きなスポーツについてクラス全員にアンケート
　調査をしていました。人数を正の字で表すことのよさに気づき、さっそく実
　行していました。

○　いくつかの棒グラフからどんなことが考えられるか、じっくりと自分の考えを
　ノートに書いていました。また、考えたことを友達に説明する時も意欲的で
　した。

△　表やグラフを読み取る時には、項目と数値をしっかりと確認したり、1つの
　目盛りがどれだけの大きさを表しているのかを考えたりすることが大切だと
　いうことを、繰り返して指導してきました。

△　自分でどんなことをグラフに表すのかを考える時には時間がかかりましたが、
　「みんなが好きな給食」に決まると友達に聞いて回ったり、表にまとめたり
　しながら棒グラフをかくことができました。表やグラフに表すよさを実感でき
　るように、身の回りにもたくさんあるから見つけるよう声をかけてきました。

算数〈4年〉

算数〈4年〉

指導要録の観点とその趣旨	
観点	**趣旨**
❶知識・技能	●小数及び分数の意味と表し方、四則の関係、平面図形と立体図形、面積、角の大きさ、折れ線グラフなどについて理解している。 ●整数、小数及び分数の計算をしたり、図形を構成したり、図形の面積や角の大きさを求めたり、表やグラフに表したりすることなどについての技能を身に付けている。
❷思考・判断・表現	●数とその表現や数量の関係に着目し、目的に合った表現方法を用いて計算の仕方などを考察する力、図形を構成する要素及びそれらの位置関係に着目し、図形の性質や図形の計量について考察する力、伴って変わる二つの数量やそれらの関係に着目し、変化や対応の特徴を見いだして、二つの数量の関係を表や式を用いて考察する力、目的に応じてデータを収集し、データの特徴や傾向に着目して表やグラフに的確に表現し、それらを用いて問題解決したり、解決の過程や結果を多面的に捉え考察したりする力などを身に付けている。
❸主体的に学習に取り組む態度	●数学的に表現・処理したことを振り返り、多面的に捉え検討してよりよいものを求めて粘り強く考えたり、数学のよさに気付き学習したことを生活や学習に活用しようとしたりしている。

教科

算数〈4年〉

A　数と計算

◎　場合に応じて的確に四捨五入し、大きな数でも概数にすることができました。わり算の筆算や、小数のたし算、ひき算も正確に計算することができます。学習内容が確実に身についています。

◎　大きさが等しく表し方の違う分数があることをしっかりと理解しています。同じ分母の分数のたし算では、分子だけを足せばよいことを数直線を使って分かりやすく説明することができ、感心しました。

○　数の単位が四桁ごとに変わっていくことをきちんと理解することができました。小数の意味や表し方、たし算やひき算のやり方についても理解しており、正確に計算することができました。

○　余りのあるわり算では、余りが割る数よりも小さくなる理由についてしっかりと理解し、自分の考えをノートに書いて友達に説明することができました。

△　わり算の筆算では、商の立て方でつまずく場面がありました。計算の仕方を繰り返し確認し、落ち着いて計算するように声をかけてきました。

△　わり算の筆算の基本的な方法は理解しています。しかし、割る数や割られる数が大きくなってくると、商を立てるのに時間がかかってしまうことがありました。落ち着いて、繰り返し練習問題に取り組むよう励ましてきました。

●整数の十進位取り記数法の考えを、1より小さい数まで拡張して考えを広げて
いるか？

●数量の関係に着目し、計算の仕方を考えたり計算に関して成り立つ性質を見
いだしたりするとともに、その性質を活用して、計算を工夫したり計算の確
かめをしたりしているか？

●整数だけでなく、小数や分数についても計算の仕方を考えるとともに、それ
らを日常生活に生かしているか？

◎　小数も整数と同じように十進構造になっていることや、小数のたし算やひき
算も整数と同じ考え方で計算できることを、図にかいて考え、友達に説明
することができました。

◎　同じ分母同士の分数のたし算では、分子だけを足せばよいことについて、
自分の考えを図を活用しながらノートに書くことができました。また、分かり
やすく筋道を立てて説明することもでき、感心しました。

○　小数のかけ算では、「0.1の何個分」で考えると整数のかけ算と同じように
考えられることに気づき、ノートに自分の考えを書くことができました。

○　もとにする大きさを求めるためには、問題文を図に表したり、何倍になって
いるのかを考えたりすればよいことに気づき、みんなに分かりやすく説明で
きました。

△　数の構成については理解しているのですが、大きな数と同様に1より小さい
数も十進法で読むことができるということにまでは、まだ目が向かないよう
です。十進法についての理解を深められるよう、指導していきます。

△　小数のたし算、ひき算も整数の計算と同じ考え方でできることを、整数の
計算と比較したり、図を使ったりしながら指導しました。

教科
算数〈4年〉

●億や兆のような大きな数でも、十進位取り記数法によって簡単に表されると
いうよさを意識しているか？

●小数・分数のよさに気づき、進んで学習や生活に生かそうとしているか？

◎ 億や兆のような大きな数字でも、しっかりと書いたり読んだりすることがで
きました。また、身の回りにある大きな数をどんどん探そうとする姿勢も素
晴らしかったです。

◎ 小数や分数の学習をして、身の回りにもたくさんの小数や分数があることに
気づき、意欲的に探していました。整数だけではなく、小数や分数を活用
することのよさについてノートにまとめていました。

○ 帯分数や仮分数の表し方について意欲的に理解しようとし、自分でつくった
分数のものさしを使って、進んで身の回りにある物の長さを測ろうとしていま
した。

○ 十進法を理解し、大きな数でもじっくりと位を数えて読み取ろうとしていまし
た。小数や分数も、必要に応じて的確に用いることができます。

△ 大きな数になると桁数が多くなるので、読み取る時には落ち着いて1つ1つ
の数字を数えるように指導しました。位の数が増えても仕組みは変わらな
いので、同じように読めるということをこれからも指導していきます。

△ 身の回りにある物の長さを表すために、分数のものさしを一緒に使いなが
ら測り、分数で表すことのよさに気づけるよう指導しました。少しずつ、分
数に対する理解が深まっています。

B　図形

〔知識・技能〕　　　　　　　　　　　　　　　　　　評価のチェックポイント

●面積の単位（c㎡、㎡、k㎡、a、ha）とその測定の意味を理解し、公式を用いて正方形や長方形の面積を求めているか？

●平面図形の特徴や性質を理解し、作図しているか？

●角の大きさの単位（°）とその測定の意味を理解し、分度器を使って正確に角度を測っているか？

●立方体、直方体について理解し、見取り図や展開図をかいているか？

◎　長方形や正方形の面積について、公式が成り立つ理由をきちんと理解し、いろいろな図形の面積を求めることができました。

◎　1つの立体図形から、1通りではなくいくつかの展開図をかいたり、展開図からどのような立体図形ができあがるのか考えたりすることができました。立体図形について、理解が深まっています。

○　平行四辺形や台形など、図形の性質を利用し、分度器やコンパスを使って正確に作図することができました。

○　分度器の使い方に慣れ、角の大きさを測定したり、いろいろな大きさの角をつくったりすることができました。

△　直方体や立方体の展開図については、実際に箱を切り開くなど、具体物を使って操作することで感覚がつかめるようになってきました。

△　分度器を使って角度を測る時には、直角よりも大きい角度になると戸惑ってしまうことがありました。分度器の目盛りに注意して角度を読み取るように指導してきました。

●面積の大きさを表す方法を考えているか？

●図形の性質をもとに既習の図形をとらえ直しているか？

●面積の単位とこれまでに学習した単位との関係を考察しているか？

◎　長方形や正方形の面積を求める公式を利用して正確に面積を求めることが
　できます。また、長方形を組み合わせた図形についても工夫して面積を求
　め、どのように考えたのか筋道を立てて説明することができました。

◎　平行四辺形や台形、ひし形の作図を通してそれぞれの図形の性質につい
　てしっかりと考えることができました。今までに学習していた長方形や正方
　形についても、「長方形は平行四辺形の仲間」というようにとらえ直すこと
　ができました。

○　長さと面積の単位について表を書き、正方形の一辺の長さが10倍になると
　面積が100倍になるということに気づき、自分の考えをノートにまとめること
　ができました。

○　面積を比べる時に、1㎠が何個分あるかをもとにして考えることができました。

△　長方形や正方形の面積の求め方は、きちんと理解しています。ただ、その
　公式をいろいろな図形に活用することは、やや難しいようでした。図形の
　見方をもっと広げるように助言してきました。

△　面積を求める時に、1㎠が何個分あるかをもとにして考えればよいことを助
　言しました。

●面積の公式はいろいろな場面で使えるという有用性に気づき、学習や生活に
生かそうとしているか？

◎ 長方形、正方形の面積の求め方を正しく理解し、教科書やノートの表紙な
どの小さい面積だけではなく、教室や体育館など、大きな場所の面積も積
極的に調べていました。

◎ L字型などの複雑な形でも、長方形と正方形に分ければ面積を求められる
ということに気づいて自分の考えをノートにまとめ、友達にも意欲的に説明
していました。「これで学校の屋上の面積も求められそうだ」と、学習を広
げていこうとする姿勢に感心しました。

○ 長方形や正方形の面積について、公式を使って正確に面積を求めることが
できました。また、身の回りの物の面積も意欲的に調べていて感心しました。

○ 面積を求める公式のよさに気づき、様々な大きさの正方形や長方形の図形
の面積を意欲的に求めていました。

△ 広さ比べをしたり、1㎠が何個あるかを数えたりしながら、長方形や正方
形の面積を求められるように指導してきました。

△ 長方形、正方形の面積を、公式を用いて正しく求められるよう努力していま
した。「身の回りのいろいろな物にこの公式が使えることの便利さを知ると、
もっと楽しく学習できる」と指導してきました。

C 変化と関係

◎　同じ長さの棒を使って正三角形を横に並べていく時の、棒の本数と正三角形の数の関係を正確に表にまとめることができました。また、表から2つの数量の関係を△と□を用いて式に表すこともでき、感心しました。

◎　2つの数量を比べる時には、その差だけでは比べられない場合があることに気づき、「くらべられる数」が「もとの数」の何倍になっているのかを考えて比べることが必要になってくることについて理解していました。

○　表から、変化の様子を□、△などを用いた式に表したり、表された式から数量の関係の特徴を読み取ったりすることができました。

○　2つの数量を比べる時に、「もとの数の何倍になっているか」という割合の考え方を用いることができました。

△　伴って変わる2つの数について考える時には、1つ1つ丁寧に図をかいたり、落ち着いて数えたりするとよいことを指導してきました。

△　割合の考え方を身につけるために、買い物の場面を実際にやってみたり、具体物を操作したりしながら指導してきました。

> ●伴って変わる2つの数量を見いだして、それらの関係に着目し、表や式を用いて変化や対応の特徴を考察しているか？
>
> ●日常の事象における数量の関係に着目し、図や式などを用いて、ある2つの数量の関係と別の2つの数量の関係との比べ方を考察しているか？

◎ 伴って変わる2つの数を見て、変わり方の規則性があるかどうかに着目し、どのように変化しているのかを友達に分かりやすく説明することができました。

◎ 2つの数量を比べる時には、その差だけでは比べられない場合があることに気づき、いくつかの場合について表にまとめ、そこから比例の関係を見いだして比べることができました。

○ 伴って変わる2つの数量について、規則性を見つけて式に表すことのよさに気づき、式に表すことができました。

○ 比例の関係から「もとにする数」を見つけ、そこから割合を求めて比べる考え方を、友達に説明することができました。

△ 伴って変わる2つの量について、表にまとめることができました。そこから規則性を見つけられるよう、じっくり考えたり友達と相談したりしながら取り組んでいました。

△ 問題を考える時には、比べる時に必要な「もとにする量」「くらべられる量」を分かりやすくするために、問題としている場面を絵や図で表して指導してきました。

教科　算数〈4年〉

●簡単な場合について、割合を用いて比べることのよさに気づき、生活や学習に生かそうとしているか？

●2つの数量について表やグラフ、△や□を使った式などに表すよさに気づき、日常生活やよりよい問題解決に生かそうとしているか？

◎　身の回りの中から伴って変わる2つの数量を見つけ、表やグラフにまとめたり、△や□を使った式に表したりしていました。意欲的にどんどん取り組む姿勢に感心しました。

◎　自分の身の回りの割合の関係にある事柄をたくさん見つけることができました。学習したことを生かしてさらに深く探究しています。

○　伴って変わる2つの数量の規則性を見つけるために、友達と積極的に話し合う活動に取り組んでいました。規則性を見つけた時にはとても満足そうでした。

○　「くらべられる数」が「もとにする数」の何倍になっているのか、じっくり考えて問題に取り組んでいました。

△　表から規則性を見つける時に、集中力が途切れてしまうことがありました。そのため、問題にじっくり取り組むよう声をかけてきました。

△　身の回りにある割合の関係を例に挙げて説明をしたり、比例の関係を一緒に見つけたりしながら指導してきました。

D　データの活用

●データを分類整理する方法を知り、折れ線グラフの特徴とその用い方を理解
　しているか？

◎　1日の気温の移り変わりについて調べたことをもとに、時間の経過と気温を
　表にまとめ、正確に折れ線グラフをかくことができました。

◎　折れ線グラフのかき方をきちんと理解し、表から正しいグラフをかくことが
　できました。また、そのグラフから資料の特徴やおおまかな傾向なども読
　み取ることができ、感心しました。

○　折れ線グラフをかく時に、適切な一目盛りの大きさやグラフの大きさを考え
　ることができました。

○　同じ内容のグラフでも、縦軸の幅が変わると見え方が変わることに気づき、
　ノートに自分の考えをまとめることができました。

△　横軸と縦軸との関係をおさえて、折れ線グラフを読んだり、工夫してかいた
　りできるように指導してきました。

△　表にまとめたことを、グラフの座標軸に確実に点を取れるよう、落ち着いて
　グラフをかくことを指導してきました。

教科

算数〈4年〉

●目的に応じてデータを集めて分類整理し、データの特徴や傾向に着目し、問題を解決するために適切なグラフを選択して判断し、その結論について考察しているか？

◎ 変化の様子を分かりやすくするために、折れ線グラフの表し方をとてもよく工夫していました。また、そこからどんな傾向が読み取れるのかを考察し、筋道を立てて友達に説明することもできました。

◎ 資料の特徴をもとに、どのようなグラフを用いればよいのかしっかり考え、適切なグラフを選択してかくことができました。なぜそのグラフがよいのかという理由もきちんと説明でき、感心しました。

○ 表にまとめた記録をグラフに表す学習では、見やすく整理する方法を工夫して考えていました。

○ 2つの折れ線グラフが同じ座標軸にかかれていると、変わり方の違いがよく分かることに気づき、読み取ったグラフの傾向をノートにまとめることができました。

△ 折れ線グラフから、「縦軸が○の時、横軸は△」という情報をつかむことができました。さらにグラフの形から、どのような傾向が読み取れるのかということについて、指導してきました。

△ 変化の様子をグラフから読み取るために、傾きの急なところに着目するとよいことを助言し、じっくり考えるように励ましてきました。

●変化の様子を折れ線グラフに表したり、グラフから変化の特徴を読み取った
りし、生活や学習に生かそうとしているか？

◎　表やグラフにして見やすくまとめることに関心をもち、自分の身の回りの事
象を折れ線グラフに表すなど、意欲的に学習に取り組んでいました。

◎　グラフから変化の様子を読み取ったり、表から折れ線グラフをかいたりす
る活動に、積極的に取り組んでいました。折れ線グラフと棒グラフの違い
についても気づいて、友達に説明することができました。

○　1日の気温について表にまとめ、正確に折れ線グラフをかこうと丁寧に取り
組んでいました。

○　折れ線グラフからどんな傾向が読み取れるのか考え、ノートにたくさん自分
の考えを書いていました。また、グラフから読み取れることについて友達と
よく話し合っていました。

△　表や折れ線グラフのかき方は、正しく身についています。さらに、グラフに
表すことのよさに目を向けて、積極的に活用していこうとする態度を育てて
いきたいと考えています。

△　折れ線グラフのかき方について、表から正確に点を取ってつなぐように指導
しました。また、「グラフはどんな形をしているかな」と声をかけ、傾向が読
み取れるよう指導してきました。

教科
算数〈4年〉

111

理科〈3年〉

指導要録の観点とその趣旨	
観点	趣旨
❶知識・技能	●物の性質、風とゴムの力の働き、光と音の性質、磁石の性質、電気の回路、身の回りの生物及び太陽と地面の様子について理解しているとともに、器具や機器などを正しく扱いながら調べ、それらの過程や得られた結果を分かりやすく記録している。
❷思考・判断・表現	●物の性質、風とゴムの力の働き、光と音の性質、磁石の性質、電気の回路、身の回りの生物及び太陽と地面の様子について、観察、実験などを行い、主に差異点や共通点を基に、問題を見いだし、表現するなどして問題解決している。
❸主体的に学習に取り組む態度	●物の性質、風とゴムの力の働き、光と音の性質、磁石の性質、電気の回路、身の回りの生物及び太陽と地面の様子についての事物・現象に進んで関わり、他者と関わりながら問題解決しようとしているとともに、学んだことを学習や生活に生かそうとしている。

A 物質・エネルギー（物と重さ）

〔知識・技能〕　　　　　　　　　　　　　　　　　　　　評価のチェックポイント

●物は形が変わっても重さは変わらないことを理解しているか？

●物は体積が同じでも重さは違うことを理解しているか？

●物の重さを、てんびんや自動上皿はかりを用いて比較し、その過程や結果を記録しているか？

◎ 体積が同じ物の重さをはかり、結果を分かりやすく表に整理することができました。数値化したことをもとに重い順に並べ替えた経験から、材質による重さの違いがよくとらえられています。

◎ 上皿はかりの受け皿に粘土を直接のせてはかると汚れの原因となり、正確にはかれなくなることを意識して実験に取り組みました。紙を敷いてその上に粘土をのせるよう友達にアドバイスするなど、正確な実験に貢献しました。

○ 粘土の形が変わると重さも変わると予想していましたが、実験の結果から両者の重さは変わらないことを納得することができました。

○ 同じ大きさの鉄とアルミニウムでも重さが異なることを、自らの実験を通して理解することができました。

△ 物は形が変わっても重さは変わらないことは理解できていますが、重さと体積の理解が不十分でした。楽しく実験して終わるのではなく、分かったことをノートにまとめられるように指導しています。

△ 材質による重さの違いに混乱がありました。アルミニウムやプラスチックなどの材質について、日常を通して意識させ、慣れさせてきました。

〔思考・判断・表現〕　　　　　　　　　　　　　評価のチェックポイント

●物の形や体積と重さとの関係について追究する中で、差異点や共通点をもとに、物の性質についての問題を見いだし、表現しているか?

◎ 同じ重さでも体積が大きいものや小さいものを仲間分けしていった結果、ガラスや鉄などの材質によって体積が異なることに気づくことができました。

◎ 人が体重計にのって姿勢を変えても重さは変わらないことを根拠に、粘土の形を変えても重さは変わらないと予想しました。日常の経験に基づく意見には説得力がありました。

○ 同じ体積のアルミニウム、ゴム、ガラス、木などの材質の異なるブロックを手で持ち、自分の感覚で、その重さの順番を予想することができました。

○ 「粘土は形を変えても重さは変わらないだろうか」という課題に対し、粘土を細長くしてみたり、小さくちぎって分けてみたりするなど、工夫して実験に取り組むことができました。

△ 重さを比べる実験に楽しく取り組むことができましたが、その結果から重さの順に並べることがうまくできませんでした。数字に着目して考える習慣が身につくように指導してきました。

△ 実験の結果から分かったことを整理することが難しかったようです。実験の目的に合った記録を心がけ、予想と異なった場合についても、分かったこととして書き残していくように指導してきました。

[主体的に学習に取り組む態度]　　　　　　　　　　　評価のチェックポイント

　●物の形や体積と重さの関係に興味・関心をもち、主体的に問題を解決しようとしたり、学んだことを学習や生活に生かそうとしたりしているか？

◎ 物は形が変わっても重さは変わらないと予想し、はかりを使って正確に調べることができました。結果は表にうまくまとめられ、どのように形を変えても重さが変わらないことを、納得するまで実験を行うことができました。

◎ 物は同じ体積でも、金属や木などのように物の種類が違うと重さが違うことが分かるようになると、身近な物の重さに目を向け、いろいろな素材について進んで調べることができました。

○ 実際に手で持った手ごたえをもとに、重さの予想を立てることができました。正確な重さを知ろうと意欲的に何度も試すことができました。

○ 100gという重さを体感することができたので、身の回りの100gになりそうな物をたくさん見つけてくることができました。

△ 身近な物の重さ比べをしました。あまり多く調べられなかったので、教師の

方で提案して一緒に調べました。難しく考えず、何でも調べてみようとアドバイスをしました。

△ 重さを比べる実験に楽しく取り組んでいましたが、調べた結果が表にまとめられていなかったのが残念です。実験の目的を考えながら取り組むことができるように指導してきました。

A 物質・エネルギー（風とゴムの働き）

〔知識・技能〕 評価のチェックポイント

● 風の力は、物を動かすことができること、また、風の力の大きさを変えると、物が動く様子も変わることを理解しているか？

● ゴムの力は、物を動かすことができること、また、ゴムの力の大きさを変えると、物が動く様子も変わることを理解しているか？

● 風を受けた時やゴムを働かせた時の現象の違いについて、手ごたえなどの体感をもとにしながら調べ、その過程や結果を記録しているか？

◎ ゴムの伸ばし方によって、おもちゃの自動車の動きがどう変わるのかよく理解しています。ゴムの伸ばし方を加減することで、目標に自動車をピタリと止めることも上手にできました。

◎ 実験では、送風機の風が自動車に正しく当たっているか、自動車の帆の前に手をかざして確認したり、まっすぐ走るようにタイヤを調整したりするなど丁寧に取り組むことができました。そのため複数回行った実験データにばらつきが少なく、信頼できるデータとなりました。

○ ゴムの伸ばし方を変えると、物の動き方はどのように変わるのか、ゴムで動く自動車を使って調べました。自分の実験結果から、ゴムを長く伸ばすほど遠くまで走ることを実感することができました。

○ 風が強くなると自動車が動く距離が長くなることを理解しました。自分の実験

データを、表や棒グラフにしてきちんと整理したことが役立ちました。

△ 車を遠くまで走らせることに夢中になって力が入りすぎ、車がまっすぐ走らないことがありました。意欲的な取組も正確なデータとならず、残念な様子でした。計画的な実験ができるよう指導しています。

△ ゴムを伸ばすと車は遠くまで走ることは理解できていたのですが、最大限に伸ばした際に距離が短くなってしまったため、誤った理解が残ってしまいました。友達の結果と比べることを通して、正しい理解に導いてきました。

[思考・判断・表現]　　　　　　　　　　　　　　　評価のチェックポイント

●風やゴムの力の働きについて追究する中で、差異点や共通点をもとに、風とゴムの力の働きについての問題を見いだし、表現しているか？

◎ ゴムの伸び方と力の関係を考えた時に、もとに戻ろうとする力に注目して考察していた点がよかったです。自分の考えを、図を使って説明することで友達も納得することができました。

◎ ゴムの伸ばし方で自動車の動きが変わったことから、ゴムの本数を増やしたりゴムの太さを変えたりした場合はどうなるのだろうと考え、自分の予想をもとに試してみることができました。

○ 実際に自分でゴムを引っ張った時の手ごたえをもとにしながら、ゴムを伸ばすほど車は遠くまで走るだろうと予想し、実験で確かめることができました。

○ 「風の強さを変えると、物の動き方はどのように変わるのだろうか」という課題に対して、うちわで扇いだ時の体験と結び付けて、自分なりの予想をもつことができました。

△ 実験結果にばらつきがあったため、考察の際に困っていました。クラス全

116

体の結果も黒板にまとめてあるので、誤差についての理解も指導してきました。

△ 風の力で動く自動車について、実験の結果から分かったことを書くのが難しかったようです。実験の目的を振り返って、分かったことが書けるように助言しました。

〔主体的に学習に取り組む態度〕　　　　　　　　　　　評価のチェックポイント

●風やゴムの力の働きについて興味・関心をもち、主体的に問題を解決しようとしたり、学んだことを学習や生活に生かそうとしたりしているか？

◎ ゴムを伸ばす長さを、10cm、15cmと変えて自動車を走らせ、何cm伸ばした時に遠くまで自動車が進むか熱心に調べました。人にぶつかると正確な実験にはならないため、友達と声をかけ合って協力して取り組んでいたこともよかったです。

◎ 風が物を動かす力を利用して、おもちゃづくりに取り組みました。風を多く受け止めることができればより大きな力を得られることから、風車の羽の形を工夫して、物を持ち上げるおもちゃをつくることができました。

○ 友達とどちらが遠くまで自動車を走らせることができるか、ゴムの力を調べる実験に取り組みました。巻き尺で距離を測ったり、友達の車を回収したりと協力して手際よく取り組むことができました。

○ 風の力について学習した後、おもちゃづくりに取り組みました。どんなおもちゃにしようかとインターネットで調べ、事前に設計図もかくなど意欲的に取り組みました。

△ ゴムの力を利用しておもちゃづくりに取り組みましたが、なかなか作業が進みませんでした。はじめは友達の真似でもよいので、物をつくる楽しさを味

教科
理科〈3年〉

わわせられるように一緒に取り組みました。

△ ゴムを利用した車づくりには熱心でしたが、タイヤの大きさやデザインなど、
関心がよそに向かってしまいました。実験の目的を考えながら取り組むこと
ができるように指導してきました。

A 物質・エネルギー（光と音の性質）

[知識・技能]	評価のチェックポイント

●日光は直進し、集めたり反射させたりできることを理解しているか？

●物に日光を当てると、物の明るさや暖かさが変わることを理解しているか？

●物から音が出たり伝わったりする時、物は震えていること、また、音の大き
さが変わる時に物の震え方が変わることを理解しているか？

●光を反射させたり集めたりした時の明るさや暖かさの違いや、音が出ている
時と出ていない時の物の震えを調べ、その過程や結果を記録しているか？

◎ 鏡を使って日光を集めると明るさや暖かさが増すことを、温度計で確かめ
ることで、理解を深めることができました。また、虫眼鏡を使った実験では、
太陽の位置を意識しながら光を一点に集めることも上手でした。

◎ 音の学習の最後に糸電話で遊びました。よく音が伝わるように、コップの
底をセロハンに変えたり糸をぴんと張ったりするなど、学んだことがよく生か
されていました。

○ 鏡を使って日光を集める実験では、鏡の数が増えると明るさや暖かさが増
すことを、実際に手を当てて確かめることができました。

○ スピーカーのように震えていないように見える物でも、実際に触ってみること
で、音が出ている物は震えていることを実感することができました。

△ 虫眼鏡で太陽の光を集めるのに苦労していました。黒い紙の方を傾けながら虫眼鏡で大きな円をつくり、徐々に遠ざけて小さな円ができるように教師と一緒に取り組みました。

△ 太鼓を叩いて音の強弱と振動の関係を実験で調べることができました。さらに、分かったことをその時にまとめていくようにすると、しっかりとした知識として定着するということを助言しました。

［思考・判断・表現］　　　　　　　　　　　　　評価のチェックポイント

●光や音の性質を追究する中で、差異点や共通点をもとに、光と音の性質についての問題を見いだし、表現しているか？

◎ 鏡を使って光を集めることができるのであれば、日陰の温度も上げることができるのではないかと考え、実験を計画することができました。予想通り温度が上昇したことが確認できると、とても満足そうでした。

◎ 太鼓を強く叩いた時と弱く叩いた時を比較し、振動の違いを図にかきながら説明することができました。自分なりに考えたモデル図はよく工夫されていたので、説得力のある説明になりました。

○ 鏡を使って反射させた光を当てる実験では、「当てる光を増やすほど、明るく、暖かくなる」と、自分の気づきをみんなに分かるように説明できました。

○ 身近な楽器を使って音を出す体験を通して、音の出る楽器は震えていることに気づき、音と振動は関係があるのではないかと考え、発表することができました。

△ 鏡を使って光を集めたり、反射させたりする活動を、友達と一緒に楽しく行う中で、様々なつぶやきが聞かれました。それらをノートにまとめたり発言したりすることにつなげていけるように声かけをしてきました。

教科
理科〈3年〉

△ 音と振動の関係を調べる学習で、振動の大きさの違いが実感できなかった
のか、考察の際に困っていました。よく分からない場合は何度も実験に取
り組んで、納得できるように声をかけてきました。

〔主体的に学習に取り組む態度〕　　　　　　　　　　　評価のチェックポイント

●光や音の性質に興味・関心をもち、主体的に問題を解決しようとしたり、学
んだことを学習や生活に生かそうとしたりしているか？

◎ 光を重ねて明るさや暖かさの変化を調べていく実験では、4人で協力しなが
ら実験を行うことができました。1人1人が変化を感じ取れるように、役割を
交代しながら上手に実験を進めることができました。

◎ 糸電話をもっと聞こえるようにしたいと考え、毛糸や針金といった様々な材
料を試しました。友達と体感した振動や聞こえ具合を確認しながら協力して
取り組む姿勢が素晴らしかったです。

○ 鏡ではね返した光は直進することを利用して、友達と鏡を3枚、4枚とつな
げていきました。太陽の光が届かないところを照らしてみるなど、様々な活
動を楽しんでいました。

○ 楽器が振動して音を出していることが分かると、「他の音が出る物も同じよう
に振動しているのか調べてみたい」と考えました。のども震えていることに
気がついた際には、大喜びで発表することができました。

△ 鏡を使った実験は友達と協力して行うことが多かったので、友達の指示で
動きがちになってしまいました。事前に自分の考えをノートに書けるようにし
て、積極的に参加できるよう支援してきました。

△ 糸電話を使ったのが初めてで、それ自体を楽しく遊ぶことはできていました
が、遊びに夢中になってしまって記録等が残りませんでした。実験の目的を
考えながら取り組むことができるように指導してきました。

A　物質・エネルギー（磁石の性質）

●磁石に引きつけられる物と引きつけられない物があること、また、磁石に近づけると磁石になる物があることを理解しているか？

●磁石の異極は引き合い、同極は退け合うことを理解しているか？

●磁石につく物や磁石の極性を調べ、その過程や結果を記録しているか？

◎　磁石の性質をよく理解しています。N極やS極の表示のない磁石の極を調べる際、学習したことを生かして複数の方法で確かめることができました。

◎　地球も1つの大きな磁石であることを知ると、方位磁針の示す方角から地球の中にはどのような磁石が入っているのか、学んだことを生かして考えをふくらませていました。

○　磁石の強さを調べるために砂鉄を周辺に置いて観察し、磁石の端の部分ほど力が強いことに気づきました。また、鉄くぎが引きつけられる際の手ごたえの違いで力の強さを確認していたのもよかったです。

○　棒磁石を切ってもN極とS極が再びできることを自分なりの方法で確かめることができ、どの磁石にもN極とS極があることを理解しました。

△　方位磁針の扱いに慣れていなかったため、「N極は北を、S極は南を指して止まる」ことの理解が不十分でした。機会があるごとに道具の使い方を練習させてきました。

△　磁石同士が「引きつけ合う」「しりぞけ合う」という表現について理解が十分ではありませんでした。「つく」「つかない」を用いる時と場面が違ってくるので、出てきた言葉を学習中に意識して使えるように指導してきました。

教科
理科〈3年〉

●磁石の性質について追究する中で、差異点や共通点をもとに、磁石の性質に
ついての問題を見いだし、表現しているか?

◎ 磁石に鉄くぎがつながってついていたことから、「磁石の力が鉄くぎにうつっ
たのではないか」と考えました。自分の予想を確かめるために方位磁針を
近づけてみるなど、磁石の性質を思い出しながら考えることができました。

◎ 磁石が引きつけ合ったり、しりぞけ合ったりする様子を手ごたえから感じ取
り、磁石同士には見えない力が働いているのではないかと考えました。実
演しながらの発表には友達を納得させるだけの説得力がありました。

○ 磁石から離したクリップ同士がくっついたままだったことから、クリップは磁
石になったのではないかと考えることができました。

○ 磁石につくものを調べ整理していった結果、磁石に引きつけられるものと引
きつけられないものを自分なりの言葉でまとめることができました。

△ 実験結果から「鉄くぎは頭の部分がN極で、先がS極になった」と考えまし
たが、異なる結果の友達もいて困っていました。磁石のN極に鉄くぎのどの
部分がつながっていたのかを整理してあげると、納得することができました。

△ 鉄くぎが磁石になったかどうかを、他の磁石につけて確かめようとしていま
したが、力が弱いためにN極でもS極でもついてしまいました。砂鉄や方位
磁針を使ってみるなど、他の方法にも目を向けさせることによって理解でき
ました。

●磁石の性質について興味・関心をもち、主体的に問題を解決しようとしたり、
　学んだことを学習や生活に生かそうとしたりしているか？

◎　磁石につく物はどんなものか、身の回りにある物を積極的に調べることがで
　きました。プラスチックはつかないけれど中に鉄が入っていればつくことな
　ど、条件の違いなどにもよく目を向け、分かりやすく記録することもできて
　いました。

◎　磁石で方位が分かることを学習すると、糸でつるした磁石をもって、いろい
　ろな場所で調べていました。どこへ行っても同じ方角を示すのが面白く、感
　心していました。

○　磁石がしりぞけ合うことを利用して、楽しいおもちゃを製作することができま
　した。1つ完成させると、次のおもちゃに取り掛かるなど、アイデアが尽き
　ませんでした。

○　磁石に鉄くぎが何本つなげられるか友達と競争していました。磁石で遊ぶこ
　とを楽しみ、自然と磁石の性質も理解していきました。

△　N極やS極、北と南など、いくつかの言葉が出てくることで分かりにくい部分
　もあったようです。言葉に慣れ親しみながら、楽しく学習に取り組めるよう
　に支援してきました。

△　磁石の面白さを感じながら必要な実験にはまじめに取り組んでいました。さ
　らに、実験の目的を考えながら課題を追究していくようにすると、今まで気
　づかなかった世界が広がっていくと声をかけています。

教科
理科〈3年〉

A 物質・エネルギー（電気の通り道）

◎　電気を通す物と通さない物にはどんな物があるかをよく理解しています。回路の中に電気を通さない物を挟み込むことでスイッチとし、それを利用したおもちゃをつくることができました。

◎　素材が金属であっても塗装されていると電気を通さないことから、おもちゃづくりの際には空き缶の側面をやすりで削って利用できるようにするなど、学習したことがよく生かされていました。

○　豆電球がつくつなぎ方は、1つの輪のようにつなげばよいことを、様々な事例を通して理解することができました。

○　乾電池と豆電球の回路にいろいろな物をはさむ実験を通して、鉄や銅、アルミニウムなどの金属は電気を通し、ガラスや紙などは電気を通さないことを理解しました。

△　豆電球に明かりがつくつなぎ方を学習した後も、うまくつなげられないことがありました。回路を指でなぞって一周できるかを教師と確かめ、回路を意識させるようにしました。

△　電気を通す物と通さない物の実験では、たくさんの材料を意欲的に調べました。あまりにも多くの物を調べ、一部混乱した様子だったので、結果を表にして整理するよう助言しました。

●乾電池と豆電球などのつなぎ方と乾電池につないだ物の様子について追究する中で、差異点や共通点をもとに、電気の回路についての問題点を見いだし、表現しているか？

◎ 乾電池と豆電球をつなぐ実験では、豆電球がつく時とつかない時を比べて、輪のようにつなげた時に明かりがつくことに気づきました。それらをノートに分かりやすくまとめられたので、発表の際にも役立ちました。

◎ 豆電球に明かりがつく物とつかない物を表に整理し、電気を通す物はどんな物であるかを自分なりにまとめることができました。ついた物同士を比較することで、ホチキスやハサミなどの素材は金属でできていることに気がつきました。

○ どんな物が電気を通すのか自分なりの予想を立てて実験に取り組みました。いろいろな物を1つ1つ確かめながら実験を進め、電気を通す物の共通点は何かを考えることができました。

○ 豆電球に明かりがついたつなぎ方と、つかなかったつなぎ方では、どんなところが違うかを考え、発表することができました。

△ 豆電球に明かりがついたつなぎ方と、つかなかったつなぎ方を調べることができましたが、図に表すことが難しく苦労しました。共通点や違いを見つけるのに大事な部分ですので、図をかく練習にも取り組んでいくように指導しました。

△ 回路を利用したおもちゃづくりの中にスイッチを取り入れるようにしましたが、なかなかアイデアが浮かびませんでした。回路の中に電気を通さない物をはさむように助言すると、自分で材料を見つけてきて完成させることができました。

教科
理科〈3年〉

125

●電気の回路について興味・関心をもち、主体的に問題を解決しようとしたり、
　学んだことを学習や生活に生かそうとしたりしているか？

◎　電気の回路について理解すると、ソケットがなくても豆電球をつけることができました。仕組みが分かると図にかいて友達に自信をもって説明していました。

◎　どんな物が電気を通すのかを調べる実験では、身の回りの物をたくさん集めて実験に取り組みました。自分では明かりをつけられなかった物でも、友達の結果と違えばやり直してみるなど、探究心旺盛な姿を見ることができました。

○　電気の回路に関心をもち、どのような場合に明かりがつくのか、積極的に様々なつなぎ方を試すことができました。また、実験の結果を進んで発表することもできました。

○　電気の学習の最後におもちゃづくりに取り組みました。電気を通す物と通さない物を組み合わせてスイッチをつくるために、家から適当な物を見つけてくるなど、準備の段階から熱心でした。

△　豆電球に明かりをつけられると、それ以外の回路はあまり調べませんでした。つかないつなぎ方も回路を理解する上では大事になってくるので、様々な例に取り組めるように指導してきました。

△　電気を通す物や通さない物を調べる実験に取り組みました。いろいろな物を調べて共通点に着目して考察していく学習でしたが、あまり多く調べることができませんでした。友達の実験を参考にしながら、粘り強く取り組めるよう声をかけています。

B 生命・地球（身の回りの生物）

〔知識・技能〕　　　　　　　　　　　　　　　　　　　　　評価のチェックポイント

●生物は、色、形、大きさなど、姿に違いがあること、また、周辺の環境と関
　わって生きていることを理解しているか？

●昆虫の育ち方には一定の順序があること、また、成虫の体は頭、胸及び腹か
　らできていることを理解しているか？

●植物の育ち方には一定の順序があること、また、その体は根、茎及び葉から
　できていることを理解しているか？

●昆虫の飼育や植物の栽培を正しく行い、その成長の様子を観察し、その結果
　を分かりやすく記録しているか？

◎　モンシロチョウの飼育を通して、昆虫の体のつくりや、卵・幼虫・さなぎ・
　　成虫と変化していくことなどを正しく理解することができました。また、棲む
　　環境と食べ物が密接に関わっていることにも目を向けることができました。

◎　ヒマワリの栽培を通して、植物の育ち方には一定の順序があり、その体は
　　根、茎及び葉からできていることを理解することができました。育て方につ
　　いても本で調べ、肥料や水やりも適切に行ったので、立派な花を咲かせる
　　ことができました。

○　公園で生き物探しをしました。どんな場所に生き物が潜んでいるのかをよく
　　知っていて、石の下や草むらの中から自分が目的とした生き物を見つけるこ
　　とができて満足そうでした。

○　昆虫の観察記録では、体の部分が3つに分かれていることや足が6本あるこ
　　となどを意識して描かれています。どの部分から足が出ているのかなどもよ
　　く観察されていて正確でした。

△　虫や花の観察にまじめに取り組んでいましたが、昆虫の特徴、植物の特徴
　　といったとらえ方がまだ十分ではない面があります。観察の際には、1つ1
　　つの形や数などにも意識が向くように声かけをしてきました。

教科
理科〈3年〉

△ 昆虫の観察で絵をかくのを苦手にしています。足の数を考えたり、どこからいたらよいのかを考えたりと、記録するためのポイントを指導したので、今後も意識していけるとよいです。

［思考・判断・表現］　　　　　　　　　　　　　　　評価のチェックポイント

●身近な生き物について追究する中で、差異点や共通点をもとに、身の回りの
　生物と環境との関わり、昆虫や植物の成長のきまりや体のつくりについての
　問題を見いだし、表現しているか？

◎ 「生物は、見つけた場所で何をしているのだろうか」という課題に対して、複数の生物の見つけた場所にいる理由を予想することができました。「食べる」「卵を産む」「隠れる」などといった様々な視点から考えられていたことに感心しました。

◎ 学校の草花を探し、日陰や日なたで見られる植物には違いがあることに気がつきました。同じように、昆虫も場所によって違いがあるのではないかと考えを広げることができました。

○ カブトムシ、トンボ、チョウ、コオロギなど、いろいろな昆虫の体のつくりを比べて頭、胸、腹があることなど、共通している部分に気づくことができました。

○ トンボやバッタ、モンシロチョウの飼育を通して、サナギになる昆虫やならない昆虫がいることに気づき、他の昆虫はどうなのだろうかと進んで調べることができました。

△ 生き物の観察をすることには積極的に取り組んでいますが、それぞれの共通点や、違いなどの特色をつかむことは、難しいようでした。数や形などの観察の視点をもって、もう一度見てみようと声をかけています。

△ 水やりをがんばって毎日行っていたところ、根腐れで枯れてしまいました。

雨が降った後など、植物の様子に合わせて世話をすることの大切さを話しています。

〔主体的に学習に取り組む態度〕　　　　　　　　　　評価のチェックポイント

●身の回りの生き物について追究する中で、生き物を愛護しようとしたり主体的に問題を解決したりしようとしているか？

◎ モンシロチョウが羽化する様子を見るため、休み時間ごとに様子を見に行っていました。羽化の際にはじっと見つめ、観察記録にも詳しく記録することができました。

◎ ヒマワリがどんどん大きくなっていくのがうれしくて、どれだけ大きくなったのか巻き尺を持ち出して測る姿がほほえましかったです。大きさだけではなく、葉の手触りの違いなど、細かい部分もよく見ていました。

○ 休み時間にも校庭や中庭で生き物を探し、それを図鑑で調べたり、友達に聞いたりしていました。また、家に帰ってからも近所で生き物探しに励むなど、活動がどんどん広がっていきました。

○ 育てている植物を毎朝観察し、「芽が出たよ」「つぼみができたよ」とうれしそうに報告しにきました。世話を続ける中で、植物の成長に伴う変化にも、目を向けられました。

△ ホウセンカやオクラの観察では、気がついたことを書くのが苦手なようでした。草たけ、葉の形や数、手ざわりなど、観察の視点について助言しました。

△ 学校周辺で昆虫を探した時、なかなか見つけることができませんでした。「名前が分からなくてもいいんだよ」と声をかけると、何種類かの昆虫を探すことができました。

B　生命・地球（太陽と地面の様子）

◎　建物や物によって現れる影がどこにできるか熱心に観察していました。その
　　ため、影は物が太陽の光を遮ると太陽の反対側にでき、影の向きはどれも
　　同じになることを、図を用いながらノートにまとめることができました。

◎　日なたの方が暖かいとか日陰は涼しいなど、普段感じていることについて、
　　実際に温度計で調べてみることで納得していました。また、それらのことに
　　太陽が大きく関係していることも理解していました。

○　校庭に棒を立てて影の向きを調べ、時間が経つにつれて変わるのは、太陽
　　の位置が変化しているためであることを理解することができました。

○　日なたと日陰の地面の違いを、明るさを見た感じで表現したり、手で触った
　　感じや温度計を使って調べたりしたので、的確にまとめることができました。

△　太陽の位置は東の方から西の方に変化することは理解していましたが、南
　　の空を通ることが抜け落ちていました。始めと終わりだけではなく途中の動
　　きも大事なので、他の学習でも意識していくよう声をかけました。

△　影の観察は北を向くのに対して太陽の観察では南を向くため、東西の方位
　　が混乱してしまいました。実際の景色と照らし合わせて方位を考えられるよ
　　うに指導をしました。

●太陽と地面の様子との関係について、差異点や共通点をもとに問題を見いだ
し、表現するなどして問題を解決しているか？

◎　太陽が動くと影も動くことから、影を記録すれば太陽の動きが分かるのでは
ないかというアイデアに、クラスのみんなが納得しました。そして、校庭に
置いた棒の影を記録し、太陽の位置が東の方から南の空を通って西の方
に変化することを突きとめることができました。

◎　同じ日なたでも、朝より日中の方が暑かったことから、地面の温度は太陽の
当たり方と大きく関係していることに気づきました。そのことから、半日日陰
の場所と1日中日陰の場所では温度は違うのではないかと考え、確かめるこ
とができました。

○　午前と午後にそれぞれ影探しをして、影の位置が変わっても太陽はいつも
反対側にあることに気がつきました。また、「太陽の位置が高くなると、影
が短くなるよ」という発言は、太陽の動きをまとめる際に大いに役立ちました。

○　日なたはよく乾いていて暖かいため、昆虫がいたり草花が生えていたりする
ことや、日陰は湿っていて涼しいため、カタツムリがいたりコケが生えてい
たりすることに気づくなど、独自の視点がよかったです。

△　観察を通して、日なたと日陰の地面の様子の違いに気づくことができました。
それらが太陽の動きと関係していることに気がつくように一緒に観察をしま
した。

△　影の動きが西―北―東と動くことは確認できましたが、そこから分かる太陽
の動きは東―南―西であることにうまくつながりませんでした。太陽の日周
運動の連続写真で説明したところ、納得することができました。

●太陽と地面について追究する中で、日陰の位置の変化や日なたと日陰の地面
の様子の違い等について、主体的に問題を解決しようとしているか？

◎　日なたでは水たまりの水がすぐ乾くのに、日陰はなかなか乾かないという身
近な問題から、日なたと日陰の学習に関心をもちました。地面を手でさわっ
て違いを比べてみるなど、積極的に活動しました。

◎　午前と午後にそれぞれ影探しをして、影の位置が変わっても太陽が反対側
にあって、それぞれ同じ方向を向いていることに気がつきました。どこに影
ができるのかよく分かっていて、影踏み遊びでもよく考えて逃げ回ることが
できました。

○　日なたと日陰の違いを調べる学習では、体を半分ずつ日なたと日陰に置き、
一度に両方調べようとがんばっていました。温度計で調べた結果と自分の
感覚の違いに驚きながらも、楽しく調べることができました。

○　グループで協力しながら、校庭に立てた棒を使って太陽の動きを調べまし
た。決まった時刻に調べられるよう時計も気にしていて、長さも丁寧に測っ
ていたので正確な実験結果が得られました。

△　影の動きを調べるための棒は、少し動かすとだいぶ結果が変わってきてし
まいます。乱雑に扱うと正確な結果が得られないため、丁寧な実験ができ
るよう声をかけてきました。

△　いろいろな実験や観察に、まじめに取り組んできました。1人で取り組むこ
とが多いのですが、正確な結果が出せるよう、友達と協力したり、温度計
の扱い方や方位磁針の使い方をきちんと覚えたりするとよいことを指導しま
した。

理科〈4年〉

指導要録の観点とその趣旨	
観点	趣旨
❶知識・技能	●空気、水及び金属の性質、電流の働き、人の体のつくりと運動、動物の活動や植物の成長と環境との関わり、雨水の行方と地面の様子、気象現象及び月や星について理解しているとともに、器具や機器などを正しく扱いながら調べ、それらの過程や得られた結果を分かりやすく記録している。
❷思考・判断・表現	●空気、水及び金属の性質、電流の働き、人の体のつくりと運動、動物の活動や植物の成長と環境との関わり、雨水の行方と地面の様子、気象現象及び月や星について、観察、実験などを行い、主に既習の内容や生活経験を基に、根拠のある予想や仮説を発想し、表現するなどして問題解決している。
❸主体的に学習に取り組む態度	●空気、水及び金属の性質、電流の働き、人の体のつくりと運動、動物の活動や植物の成長と環境との関わり、雨水の行方と地面の様子、気象現象及び月や星についての事物・現象に進んで関わり、他者と関わりながら問題解決しようとしているとともに、学んだことを学習や生活に生かそうとしている。

A 物質・エネルギー（空気と水の性質）

〔知識・技能〕　　　　　　　　　　　　　　　　　　評価のチェックポイント

- ●閉じ込められた空気を圧すと体積は小さくなるが圧し返す力は大きくなることや、水は圧し縮められないことを理解しているか？
- ●容器を使って空気や水の力の変化を調べ、その過程や結果を記録しているか？

◎ 注射器に閉じ込めた空気が圧されるとどのようになるのか、体積の変化を目盛りの位置に注目して観察したことで、空気は縮んだり元に戻ったりする

ことを理解することができました。

◎　ペットボトルやビニル袋のように容器の形が変わってしまうものでは、空気が縮んだかどうかは分からないと考え、注射器で空気を圧し縮める実験に取り組み、納得できる実験結果を得ることができました。

○　閉じ込めた空気を圧し縮める実験で、体積が小さくなるだけではなく、圧し返す力が加える力の大きさによって大きくなることに気づき、実験結果にまとめることができました。

○　閉じ込めた空気が圧し縮められたことから、水も圧し縮められるか実験をしました。予想とは違っていましたが、実験を通して水は圧し縮められないことを確かめることができました。

△　閉じ込めた空気を圧すと、その力に応じて圧し返す力が大きくなることについて、十分な経験が得られませんでした。しっかりとした理解につながるよう、実感が得られるような実験を繰り返し行いました。

△　「水も空気と同じように圧し縮めることができるだろうか」という課題に対して、実験方法がなかなか思い浮かびませんでした。空気の際の実験を思い起こすようノートで振り返りをさせるようにしました。

〔思考・判断・表現〕　　　　　　　　　　　　　　　　　　　評価のチェックポイント

●空気と水の体積や圧し返す力の変化と圧す力との関係について、根拠のある予想や仮説を発想し、表現しているか？

◎　閉じ込めた空気は圧し縮められた後、どうして元に戻ろうとするのか自分なりに考えることができました。モデル図をうまく活用することによって見えない空気について説得力のある説明になりました。

◎　閉じ込めた空気に力を加えると、徐々に手応えが強くなることや、力を加え

ることを止めると空気の体積がもとに戻ることから、手応えは空気が戻ろう
とする力であると考えることができました。

○ 空気でっぽうや水でっぽうで遊んだ経験をもとに、その違いから水は圧し縮
められないのではないかと予想し、確かめる実験を考えることができました。

○ 空気でっぽうに力を加える前後の空気の様子について、キャラクターを用い
て上手に表現することができました。圧されて苦しそうになった様子や、も
う我慢できなくなって前玉を飛ばす時の空気の様子を想像し、イラストでう
まく表現されていました。

△ 空気でっぽうで楽しく遊び、手応えも感じ取れたのですが、その違いはどう
してかを考える際に、うまく説明できないことがありました。どのような時に
1番手応えを感じたのか、記録の仕方を工夫したり感じたことをいつもノー
トにメモしたりする習慣を身につけられるように指導をしました。

△ 空気でっぽうが飛ぶわけを考える際、見えない空気をモデル図を使って表
現するようにしました。閉じ込めた空気を表す○の数が、圧し縮められると
減ってしまうなど、表現の仕方で苦労しました。

〔主体的に学習に取り組む態度〕　　　　　　　　　　　評価のチェックポイント

●空気や水の性質について興味・関心をもち、他者と関わりながら主体的に問
題を解決しようとしたり、学んだことを学習や生活に生かそうとしたりして
いるか?

◎ 空気と水の性質を学習したので、空気でっぽうや水でっぽうの仕組みの違
いを、進んで発表することができました。同じようなおもちゃでありながら、
両者の違いを分かりやすく説明している姿に改めて感心させられました。

◎ 閉じ込めた空気を圧した実験が終わると、その実験をもとにしながら、すぐ
に水に置き換えて調べようとしていました。必要な道具や手順なども教師が

指示しなくても準備するなど、よく理解していて立派でした。

○ 空気を圧すと元に戻ってくるのが楽しくて、実験に何度も取り組んでいました。そのため、空気の性質がバネに似ていることを利用して、おもちゃづくりに生かすことができました。

○ 空気を閉じ込めた袋で楽しく遊び、空気の存在や弾性を十分に体感しました。その際、目に見えない空気の存在を実感したり、空気は集められることを確認したりすることができました。

△ 空気や水の性質を生かして、いろいろなおもちゃをつくることに取り組もうとしましたが、なかなかよい発想が生まれませんでした。実験中の体験を豊かにして、意欲を高められるように声をかけてきました。

△ 空気でっぽうで玉を飛ばす活動などには楽しく取り組んでいましたが、条件を決めての実験では記録が少なく十分な実験データではありませんでした。自分なりの予想など問題意識をもつことができるように指導してきました。

A 物質・エネルギー
（金属、水、空気と温度）

〔知識・技能〕　　　　　　　　　　　　　　　　　　評価のチェックポイント

●金属、水及び空気は、温めたり冷やしたりすると、それらの体積が変わるが、その程度には違いがあることを理解しているか？

●金属は熱せられた部分から順に温まるが、水や空気は熱せられた部分が移動して全体が温まることを理解しているか？

●水は、温度によって水蒸気や氷に変わること。また、水が氷になると体積が増えることを理解しているか？

●金属・水及び空気の体積変化の様子や温まり方の特徴、水の状態変化を調べ、その過程や結果を記録しているか？

◎ 水が沸騰する際の泡の正体を調べるため、自分なりの方法を考えて実験に取り組みました。「泡を集めて冷やすと水になった」という実験結果から、泡は空気でなく水が変化したものであることを確認することができました。

◎ 空気の温まり方について、目に見えない空気の動きが見えるよう、線香の煙の動きで調べる実験方法を計画しました。自分の仮説を確かめるための見通しをもった実験となり、空気がどのように温まっていくのかまとめることができました。

○ 水が温められて全体に広がる様子を、サーモテープを使って観察しました。その変化を時系列に沿って矢印で記しながら、水の温まり方をまとめることができました。

○ 水が蒸発する時の温度変化の様子を振り返りながら、温度によって氷から水、気体へ姿を変えていく一連の様子をまとめることができました。

△ 水が沸騰した時に出る泡は水が変化したものであると実験で確かめましたが、見た目はいかにも空気であったため、その印象が強く残ってしまいました。実験のねらいを確認し、振り返りを行い理解へとつなげました。

△ 空気は温めると体積が増えることは理解していましたが、冷やすとどうなるかの理解が十分ではありませんでした。分かったことをノートに整理する習慣を身につけさせ、しっかりとした理解へとつなげていけるように指導してきました。

<table>
<tr><td>〔思考・判断・表現〕</td><td>評価のチェックポイント</td></tr>
</table>

●金属・水及び空気の温度を変化させた時の体積や状態の変化、熱の伝わり方について、根拠のある予想や仮説を発想し、表現しているか？

◎ 容器に湯をつけると、やがて栓が飛んだり、石けん水の膜がふくらんだりする現象に興味をもち、空気がふくらんだ理由について積極的に話合いに参加しました。空気は圧し縮められたことを根拠に、温度が関係するのでは

ないかと、自分なりの仮説をまとめることができました。

◎ 太陽に照らされたプールの上と下の冷たさの違いを感じた経験を思い出し
ながら、水の温まり方について自分なりの仮説を立てることができました。
水が温まると上に上がって全体が徐々に温まっていくという考えを、モデル
図を用いて分かりやすく発表することもできました。

○ 空気や水は温めると体積が増えるという仮説を立て、自分で考えた方法で
実験に取り組みました。観察した結果をもとに、空気は水よりも変化が大
きいことに気づき、発表することもできました。

○ フライパンの温まり方などの生活経験から、金属の温まり方は空気や水と
は異なるのではないかと考えました。フライパンにバターを数カ所に分けて
溶ける様子を観察するなど、実験方法も経験に基づいていてよかったです。

△ 空気を温めたり冷やしたりすると、体積が変化することを実験で確かめるこ
とができました。温度の変化と体積との関係についても、自分なりの言葉
でまとめられるように指導をしてきました。

△ 水を温めていく際の温度変化を記録していきましたが、その結果をもとに、
どのように水が温まっていくのかを自分で考察するのは難しかったようです。
友達の発表を聞きながら徐々に理解していくことができました。

〔主体的に学習に取り組む態度〕　　　　　　　　　　　　評価のチェックポイント

●金属、水及び空気の性質について興味・関心をもち、主体的に問題を解決し
ようとしたり、学んだことを学習や生活に生かそうとしたりしているか？

◎ 空気の温まり方の実験結果を踏まえ、教室の空気がどのように温まってい
くのか、教室の天井付近や床付近の温度を積極的に測りました。どの場所
を測れば空気の動きが分かるのかもよく考えていたので、測定箇所も適切
でした。

◎ 水を沸騰させた時に出てくる泡が水なのか空気なのか、泡の正体について積極的に話合いに参加しました。友達の意見によく耳を傾け、最終的には泡の正体は水なのではないかと、自分の仮説をしっかり立ててから実験に挑むことができました。

○ 水がいつ凍るのか楽しみにしながら、水が凍っていく様子を観察しました。温度を時間ごとに計測していきながら、水の変化を見逃さないように粘り強く取り組んでいました。

○ 金属は温まっても体積は変わらないと予想していたので、温められていた鉄球が金属環を通らなくなってしまった時には、とても驚いていました。その驚きから、金属のふたを簡単に開けるための方法をインターネットで見つけてくるなど、意欲的な家庭学習につながりました。

△ 空気や水の温まり方といった、目に見えないものについての学習であったため、自分なりの考えをもちにくかったようです。モデル図をかきながら教師と一緒に予想などを行いました。

△ 空気が温まると栓が飛んだりする現象は面白そうに見ていました。その不思議に思った経験を、自分で原因を追究していこうとする意欲につなげられるように声かけをしました。

A 物質・エネルギー（電流の働き）

［知識・技能］　　　　　　　　　　　　　　　　　　　評価のチェックポイント

● 乾電池の数やつなぎ方を変えると、電流の大きさや向きが変わり、豆電球の明るさやモーターの回り方が変わることを理解しているか？

● 回路を正しく組んだり簡易検流計などを適切に操作したりし、豆電球の明るさやモーターの回り方の変化などを調べ、その過程や結果を記録しているか？

◎ 2個の乾電池をつないだ自動車の配線を、上手に図で表すことができました。直列つなぎと並列つなぎの違いをよく理解していて、導線や乾電池の位置によってつなぎ方が違うように見えてしまう友達の配線も、自分と同じかどうか、正しく分類することができました。

◎ 電池の向きを変えると自動車の進行方向が変わることから、モーターの回る向きが変わることを学習しました。検流計で電気の流れが反対になることを確認したので、さらに理解を深めることができました。

○ 電池の数やつなぎ方を変えて実験を行い、その結果を丁寧にまとめていたので、電気の働きをよく理解することができました。導線などの配線も自分で行うことができました。

○ 乾電池の数やつなぎ方を変えて、豆電球のつき方がどう変わるか比べました。その実験を通して、電流の強さが変わることで明るさが変わること等を理解することができました。

△ 乾電池のつなぎ方や数を変えて、豆電球の明るさの変化を楽しそうに観察することができました。数やつなぎ方、電流の強さと豆電球の明るさなどの関係については理解が十分ではない面が見られました。「何を変えると何がどう変化するのか」というように、1つ1つの関係に着目できるように指導してきました。

△ 乾電池を2個つなぐ回路には、直列つなぎと並列つなぎがあることは理解できましたが、実際に自分で配線するとなると苦労しました。友達の配線を参考にさせてもらいながら、電気の流れを教師と確認していきました。

> ●電流の大きさや向きと乾電池につないだ物の様子との関係について、根拠の
> ある予想や仮説を発想し、表現しているか？

◎　直列につなぐと回路に流れる電流が強くなるのに対して、並列につなぐと電
　　流の強さは乾電池1個の時と変わらないことから、並列のよさは何だろうと
　　課題をもつことができました。モデル図を活用して電気が長持ちすることに
　　気づき発表すると、友達から歓声が上がりました。

◎　友達のプロペラと自分のプロペラの回り方が違うことから、友達と自分の回
　　路の違いを1つ1つ比べていきました。その結果、電池のつなぎ方によって
　　モーターの回る向きが変わることに気づき、そこで得た知識は車を走らせる
　　際にも生かすことができました。

○　乾電池を直列につなぐとモーターが速く回るのは電気が強くなるからだと考
　　え、検流計で確かめることができました。また、新しい電池と古い電池で
　　も電流の強さに違いがあることに気がつきました。

○　電池や豆電球をつなぐ時、どのようにつなぐと1番明るくなるのか自分なりに
　　予想し、実験に取り組むことができました。電池の数と電流の強さを関連
　　付けて考えられていたのがよかったです。

△　乾電池の数やつなぎ方を変えると、モーターの回り方はどう変わるのかとい
　　う実験では、友達と協力して結果を得ることができました。しかし、分かっ
　　たことをまとめる際に困っていました。つなぎ方の違いで、電気がどのよう
　　に流れるのか、教師と一緒に考えました。

△　直列つなぎと並列つなぎという2つの言葉が出てきたあたりから、実験の予
　　想が難しくなってきてしまいました。1つ1つの言葉を理解できるように声を
　　かけ、次の学習へと取り組めるようにしてきました。

教科
理科〈4年〉

●電流の働きについて興味・関心をもち、主体的に問題を解決しようとしたり、
　学んだことを学習や生活に生かそうとしたりしているか？

◎　電池で動く車をどうしたら速く走らせるか、電池の数を変えたりつなぎ方を
　変えたりと何度も粘り強く試していました。それぞれのやり方について自分
　なりの図にまとめておいたので、発表でも分かりやすく説明できました。

◎　身の回りの電池を使った道具を調べ、懐中電灯はどうして直列のものや並
　列のものがあるのか、たくさんの疑問をもちました。この学習を通してそれ
　らの疑問の多くが解決され、進んで説明していました。

○　乾電池や光電池に豆電球やモーターをつないで電気の強さを調べる実験を
　楽しく行ったので、おもちゃづくりにも意欲的に取り組みました。回路で悩
　んでいる友達にアドバイスをするなどの余裕もありました。

○　電池で動く自動車を、友達とどちらが速く走らせることができるか熱心に取
　り組みました。その活動の中で、電池のつなぎ方や向きなどにも目を向け
　ることができました。

△　乾電池に豆電球やモーターをつないで電気の強さを調べる実験をしました。
　友達と一緒に実験をしていくのはよいのですが、やや友達に頼りがちになっ
　てしまうことがありました。自分から進んで実験に取り組めるように指導して
　きました。

△　ものづくりでは、アイデアが思いつかず戸惑っていましたが、友達の作品
　を参考に、「電池で動くおもちゃ」を完成させました。時間はかかりましたが、
　諦めずに取り組むことができました。

B 生命・地球（人の体のつくりと運動）

◎ 人の体には、骨・筋肉・関節がいろいろなところにあり、他の動物も人と同様であることを理解しました。また、場所によって関節の曲がる方向が決まっていて、細かい動きをする手などは関節が集まっていることにも気がつきました。

○ 自分の体を実際に動かしてみることを通して、人や他の動物は、骨や筋肉の働きによって体を動かしていることを理解することができました。

△ 筋肉は関節をまたいで隣の骨とつながっていることが十分に理解できていませんでした。筋肉がどことどこをつないでいると関節を曲げられるのか、模型を使って確認しました。

教科
理科〈4年〉

◎ 筋肉が関節をまたいで隣の骨につながっていることに注目し、筋肉が縮むことによって関節が曲がることに気がつきました。自分の考えを、模型を使って説明することも上手でした。

○ 自分の体から、曲がるところ、硬いところ、柔らかいところを触りながら見

つけ、人の体には、骨・筋肉・関節がいろいろなところにあることに気が
つきました。また、それらがたくさんある理由も考えることができました。

△ 1つの関節を動かす時には、縮む筋肉とゆるむ筋肉があり、その関係につ
いての理解が十分ではありませんでした。筋肉が縮むと動くということだけ
ではなく、反対側の筋肉はどうなっているのか、広い視野で物事を見られる
ように指導してきました。

┌───┐
│ 〔主体的に学習に取り組む態度〕   評価のチェックポイント │
│   │
│ ●人や他の動物の体のつくりに関心をもち、主体的に問題を解決しようとして │
│ いるか？   │
└───┘

◎ 物を持ち上げた時の腕の様子、歩いた時の足の様子などを友達と協力して
観察し、筋肉の変化をまとめることができました。図鑑や腕の模型でも調べ、
改めて自分の体で確認していたので、より確かな観察になりました。

○ 体の曲がるところは何カ所あるか、楽しそうに目印のシールを貼っていきま
した。友達と数を比べ、一致しないとどこか忘れているところはないか確認
するなど、活動についてはいつも真剣でした。

△ 運動する際の自分の体の動きを観察しました。運動自体は楽しく取り組みま
したが、肝心な筋肉の動きや関節のある場所の記録が十分ではなかった
ので、体を動かす目的を意識できるようにしてきました。

B 生命・地球（季節と生物）

◎　自分たちが育てているゴーヤを継続して観察し、春に比べて夏は成長が早
く、葉の数も増え、花が咲きはじめることをとらえることができました。また、
植物だけではなく、そこに集まってくる生き物も気温が上がるにつれて活発
に活動している様子に目を向けることができました。

◎　秋になると気温が下がり、ツバメが渡りを開始したり、夏に見られた昆虫
がいなくなったりするなど、気温と生き物の種類や数との関係に気づくこと
ができました。

○　植物の成長や動物の活動が季節や気温によって違いがあることを、継続し
て記録した観察データをもとに説明することができました。

○　冬の生き物は、秋に比べて活動や成長が鈍くなり、それぞれに適した姿で
越冬していることを、図鑑を調べて理解しました。季節の変化に応じて、生
物は季節に適した過ごし方をしていることが分かりました。

△　生き物それぞれの変化については気づいていますが、季節や気温との関連
付けが弱いと感じました。生き物の行動とその理由について着目できるよう
に指導してきました。

△　植物は冬になるとみんな枯れてしまうと考えてしまいましたが、樹木は春に
備えて冬越ししている状態であることをとらえさせたかったです。冬芽など

分かりにくい部分ですが、細かい部分にもこだわるように助言しました。

〔思考・判断・表現〕	評価のチェックポイント

●季節ごとの動物の活動や植物の成長の変化について、根拠のある予想や仮説を発想し、表現しているか？

◎ 春になると植物が成長するので昆虫の種類や数が増え、それをえさにしている鳥にとっては子育てによい季節なのだと考えました。生き物は全体が関わり合っていることに気づくなど、よい見方をしています。

◎ 秋になると虫たちの数が減ったり卵を残して死んでしまったりすることに、観察を通して気づきました。気温の低下に伴い植物が枯れ始めるため、それをえさにしていた生き物が減ったからではないかと自分なりの考えをもつことができました。

○ 近くの池のアメリカザリガニを調べていました。季節によって生息場所やえさの食べ方に違いがあることに気づき、季節と生き物の活動の関係を考え、発表することができました。

○ 植物の成長の様子を丁寧に観察し、日付、植物の高さ、気温などのデータを元にして、気温が上がると植物もどんどん成長していくことを関連付けて考えることができました。

△ 植物や温度の観察を定期的に行ってきました。観察カードへの記録が十分ではなくて変化を見落としてしまうことがありました。何事も積み重ねが大切です。継続して記録していくよう指導してきました。

△ 夏に比べて秋の生き物は種類や生息数が減ったり、植物は成長が止まり、色が変わり始めたりすることに気がつきましたが、その理由を考えるとなると困ってしまいました。気温と関連付けて一緒に考えることによって理解することができました。

●身近な動物や植物について、探したり育てたりする中で、動物の活動や植物の成長と季節の変化に着目して、主体的に問題を解決しようとしているか？

◎　モンシロチョウの幼虫を熱心に観察しました。えさとなるキャベツが成長するにつれて幼虫も大きくなり、日々の変化を記録するのも苦にすることなく、いつ成虫になるのか予想しながら観察を継続することができました。

◎　冬になって枯れたように見える樹木でも、冬芽をつけていることを見つけるなど小さな変化にも目を向けることができました。また、枯葉の下にも生き物が潜んでいるのではないかと見当をつけ、実際に見つけることも上手でした。

○　クラスで育てている植物の観察を行い、成長の様子やちょっとした発見などを観察カードに記録していました。日々増えていくカードに、クラスの友達も刺激を受けていました。

○　冬になると、タンポポは風を避けるためのロゼット状になることや、カマキリは卵を残して死んでしまうことなどを本で調べ、自分の感心したこととしてクラスで発表することができました。

△　植物の観察では、気がついたことを書くのが苦手なようでした。草たけ、葉の形や数など、前回との違いを観察の視点としてかいていくように指導してきました。

△　寒い季節での生き物探しは、なかなか見つけることができずに諦めてしまいました。友達がどうやって探しているのか、一緒に探してみるよう声をかけました。

教科
理科〈4年〉

B　生命・地球（雨水の行方と地面の様子）

◎　土・砂・石を入れた装置に水を流して、水のしみ込む速さの違いや、通り過ぎた水の量を比較する実験を通して、水のしみ込み方は、土の粒の大きさによって違いがあることを理解していました。

○　土の粒が小さい方がしみこみやすいと予想していましたが、実験結果では逆の結果になりました。予想通りではありませんでしたが、友達の理由に納得し理解を深めることができました。

○　雨の降っている運動場の様子を何カ所も観察するうちに、高いところから低いところへ雨水が流れていった場所に水たまりができることに気がつきました。

△　土の粒によって水のしみ込む速さが違うことは、実験を通して観察することができました。しかし、粒が小さい方が遅いことなど、大きさと速さの関連付けが曖昧になってしまいました。

◎　雨が降った時の地面の様子について、水たまりのあるところとないところでは、土の粒の大きさが違うことに気がつきました。水たまりのできる場所の

土は細かい粒であったことから、粒の大きさによるしみ込み方の違いを調べようと、実験を計画することができました。

◎ 実験で使った花壇の土は水がしみ込みにくかったことから、粒と粒のすき間が狭くスポンジのように水を保つ力を土がもっているからだと考えました。防災にもつながる考え方で、発想の仕方が素晴らしいです。

○ 水たまりのできるところは土の粒の大きさだけではなく、地面の傾きも関係すると主張しました。その発言で、水たまりのできていた周辺をもう一度観察してみるよいきっかけとなりました。

△ 雨水がどう流れていくのか図に示すことはできたものの、そのように考えた理由がなかなか表現できませんでした。事前の友達の発表などにもっと耳を傾け、参考にしていくように助言してきました。

〔主体的に学習に取り組む態度〕　　　　　　　　　評価のチェックポイント

●雨水の行方と地面の様子について追究する中で、主体的に問題を解決しようとしているか？

◎ 雨上がりの運動場で、いつまでも水たまりが消えないところが気になり、実際に土を触って考えました。手が汚れることも気にせず、いろいろな場所の土を触ってみることで、粒の大きさが関係するのではないかと見通しをもつことができました。

○ 土の粒の大きさによるしみ込み方の違いを、実験で調べました。どれが早くしみ込むのか、ストップウオッチで時間を測ったり、出てきた水の量を測ったりと積極的に活動しました。

△ 手が汚れるのが嫌なのか、土を使った実験ではほとんど友達任せになってしまいました。五感を通して学ぶことも大切なので、できるだけ取り組めるように声をかけてきました。

B　生命・地球（天気の様子）

```
〔知識・技能〕                                    評価のチェックポイント

●天気によって1日の気温の変化の仕方に違いがあることを理解しているか？

●水は水面や地面などから蒸発し、水蒸気になって空気中に含まれていくこと、
　また、空気中の水蒸気は、結露して再び水になって現れることがあることを
　理解しているか？

●温度計を正しく使って観測を行い、得られた結果を分かりやすく記録してい
　るか？
```

◎　曇りの日と晴れの日の気温の変化を調べる観測を通して、晴れの日の方が
　　曇りの日よりも気温の変化が大きくなることをとらえることができました。ま
　　た、気温のデータを折れ線グラフで正確に表し、気温の最高点は午後2時
　　ごろになることにも気がつきました。

◎　窓辺に置いたコップの水の量の減り方を調べる実験を通して、容器の中の
　　水の量が減るのは、液体の水が水蒸気になって空気中に出ていくからであ
　　ることをとらえることができました。また数日の実験で、曇りの日よりも晴れ
　　の日の方が、蒸発量が多いことも経験として理解しました。

○　観測した結果をグラフに上手にまとめることができました。そのグラフから、
　　晴れた日は気温の変化が山型になり、曇りや雨の日は気温が上がらず平ら
　　なグラフになることを理解しました。

○　空気を閉じ込めた袋を冷やすと水滴が出てくる実験から、冷えたペットボト
　　ルに水滴がつくのも、空気の中から水蒸気が出てきたのだと納得すること
　　ができました。

△　晴れの日の気温のグラフは山型で曇りの日は平らであるという既成概念か
　　らなかなか抜けられませんでした。そのため、観測結果から日々変化する
　　天気によって、気温が変化していくことに目を向けさせてきました。

△　水が蒸発して空気中に消えていく実験を行いましたが、日常生活の洗濯物
　　が乾く理由などとはうまくつながりませんでした。身の回りの出来事について
　　一緒に考えていく機会を多くもつようにしました。

〔思考・判断・表現〕　　　　　　　　　　　　　　　　評価のチェックポイント

●天気の様子や水の状態変化と気温や水の行方との関係について、根拠のある
　予想や仮説を発想し、それらを表現しているか？

◎　観測の結果から、雨が降り続いた日などは気温が下がり続けたり、朝の気
　　温が一番高い日があったりするのは、天気によって1日の気温の変化に違
　　いが出てくるのだと考え、発表することができました。

◎　水は水面や地面などから蒸発し、水蒸気になって空気中に含まれていった
　　ことから、その後の水の行方について問題をもち、空気が冷やされると水
　　に戻るのではないかと自分なりの仮説を立てました。それを確かめるため、
　　容器を地面にかぶせる実験も考えつきました。

○　晴れた日の気温の最高点は午後2時ごろになることが不思議で、友達と真
　　剣に話し合いました。その結果、地面が先に温められて、その熱で空気が
　　温まるのではないかと仮説を立てることができました。

○　水たまりの水が、いつの間にか乾いてなくなってしまうのは、水蒸気になっ
　　て空気中に出ていくからではないかと、自分なりの考えをもつことができま
　　した。

△　気温の変化を調べてグラフをかくところまではできましたが、晴れの日と曇
　　りの日の傾向を考察するのは難しかったです。変化が大きいとか小さいと
　　いった簡単な言葉でよいので、自分なりに言い表せるように指導をしました。

△　空気中に見えない水蒸気が含まれていることがイメージできないでいます。
　　水が沸騰する様子など日常生活の中で関心をもてるように指導しました。

教科
理科〈4年〉

●天気の様子について追究する中で、天気と気温に着目して、主体的に問題を
解決しようとしているか?

◎　天気予報が好きで、1日の気温の変化を調べることにも熱心に取り組みまし
た。1時間ごとの観測も時計とにらめっこしながら、正確に記録を残すこと
ができました。

◎　氷水の入ったコップの外側に水が付く様子を興味深く観察していました。日
常生活でも冷たいジュースのコップの下が濡れていることを思い出し、これ
らの水はどこから来たのか追究していこうとする意欲をもちました。

○　1時間ごとの気温をしっかり記録し、折れ線グラフに丁寧にまとめていまし
た。グラフをかいていくと、曇りの日と晴れの日の違いがだんだん分かって
きたので、とてもうれしそうでした。

○　水の行方の学習をすると、水槽の水がいつの間にか減っていることや洗濯
物が乾くことなど、日常生活の中にも似たような現象がたくさんあることに気
づき、それを発表することができました。

△　1日の気温の変化について観測したり、グラフにまとめたりすることはできま
したが、そこから分かったことを書く段階になると手が止まってしまいました。
学習の目的は何かを意識させるようにしてきました。

△　地面に容器をかぶせ、地面からの水蒸気で水滴が付いてくる様子を観察し
ましたが、記録が曖昧だったため、その後の話合いにうまく参加できません
でした。些細なことでも記録していく習慣を身につけられるように声をかけ
てきました。

B 生命・地球（月と星）

〔知識・技能〕   評価のチェックポイント

●月は日によって形が変わって見え、1日のうちでも時刻によって位置が変わる
　ことを理解しているか？

●空には、明るさや色の違う星があることを理解しているか？

●星の集まりは、1日のうちでも時刻によって、並び方は変わらないが、位置が
　変わることを理解しているか？

●月や星の観察を正しく行い、正確に記録しているか？

◎　数日にわたって1時間ごとの月の動きを観察し、正しく記録したので、月は
　　日によって形が変わって見えることや、東の方から昇り南の空を通って西の
　　方に沈むことをとらえることができました。

◎　夏の大三角や、うしかい座・さそり座・はくちょう座などを覚え、夜の観察
　　で見つけてくることができました。星座早見盤や方位磁針の使い方をしっか
　　りマスターした成果です。

○　月の動きの学習では、計画に基づいて満月の動きの様子を観察し、まとめ
　　ることができました。地上目標物と方位、高度なども練習通りに記録したの
　　で、正確な記録となりました。

○　星座の観察の結果から、星の明るさや色の違いがあることを確認すること
　　ができました。時間を変えての観察で、星の並びは時間がたっても変わら
　　ないことを理解することができました。

△　星座の学習では、目的とする星座がうまく見つけられなかったようです。星
　　座早見盤の使い方をしっかり覚え、再度チャレンジできるように指導をしま
　　した。

△　方位についての理解が曖昧だったため、月の動きを十分にとらえきれてい
　　ません。機会があるごとに東西南北を意識するよう声をかけてきました。

教科
理科〈4年〉

●月や星の位置の変化と時間の経過との関係について、根拠のある予想や仮説
　を発想し、それらを表現しているか？

◎　太陽の動きを根拠に、月の動きを予想することができました。自分が観察
　　しなかった時刻についても友達の記録と比べ合い、月は東から南を通って
　　西へ動いて見えることを確かめることができました。

◎　月の動きを根拠に、オリオン座などの星座も同じように動くのではないかと
　　考えました。北斗七星の動きが予想とは違った動きをしていたので、インター
　　ネットでその理由を調べることができました。

○　月は日によって形が変わって見えるものの、動き方はいつも一緒になるはず
　　だと考え、観察によって自分の考えが正しいことを確かめることができました。

○　夏の星座の観察に取り組んでいるうちに、星にはいろいろな明るさや色の
　　星があることに気がつきました。図鑑で調べて、自分の気づきが正しいこと
　　を確かめることができました。

△　月の観察にがんばって取り組んできましたが、高度の記録の仕方が正確で
　　はなかったため、月の動きを考察することが難しかったです。友達の記録
　　を参考にさせてもらいながら考えるようにしました。

●月や星の特徴について、位置の変化や時間の経過に着目して、主体的に問題を解決しようとしているか？

◎　月の動きの学習では、まず学校で観察の仕方をしっかり練習し、夜の観察を楽しみに家へ帰っていきました。翌日には観察した記録用紙をすぐに提出し、発表も意欲的でした。月や星に対する関心が高く、図鑑などを使った調べ学習にも熱心に取り組みました。

◎　星座に関心をもち、それぞれの星座にまつわる話なども熱心に調べていました。星座早見盤で気になる星座がいつどの方角に見られるのか調べ、翌日には星の色や明るさまでもノートに記録してくることができました。

○　星に興味をもち、星座について調べたり、星空を観察したりしていました。前の晩に見えた星座のことを楽しそうに話してくれました。

○　星の学習をしたので、プラネタリウムに行く校外学習をとても楽しみにしていました。そこで学んだことを、今度は実際に自分で見てみたいと夜になるのが待ち遠しそうでした。

△　星の動きについて、家での観察には楽しく取り組めたようですが、時刻や位置の記録があやふやな状態でした。星座の位置が時間によってどう変化するのかを調べるのが目的でしたので、計画的に観察するように指導しました。

△　月の観察をうっかり忘れてきてしまうことがありました。曇りの日が続くこともあって次の学習に間に合わなくなることもあるので、観察できる日に確実に取り組めるように指導してきました。

教科
理科〈4年〉

音楽

指導要録の観点とその趣旨	
観点	趣旨
❶知識・技能	●曲想と音楽の構造などとの関わりについて気付いている。 ●表したい音楽表現をするために必要な技能を身に付け、歌ったり、演奏したり、音楽をつくったりしている。
❷思考・判断・表現	●音楽を形づくっている要素を聴き取り、それらの働きが生み出すよさや面白さ、美しさを感じ取りながら、聴き取ったことと感じ取ったこととの関わりについて考え、どのように表すかについて思いや意図をもったり、曲や演奏のよさなどを見いだし、音楽を味わって聴いたりしている。
❸主体的に学習に取り組む態度	●音や音楽に親しむことができるよう、音楽活動を楽しみながら主体的・協働的に表現及び鑑賞の学習活動に取り組もうとしている。

A　表現（歌唱）

〔知識・技能〕　　　　　　　　　　　　　　　　　評価のチェックポイント
●曲想と音楽の構造や歌詞の内容との関わりについて気づいているか？ ●思いや意図に合った表現をするために範唱を聴いたり、ハ長調の楽譜を見たりして歌っているか？ ●呼吸及び発音の仕方に気をつけて、自然で無理のない歌い方で歌っているか？ ●互いの歌声や副次的な旋律、伴奏を聴いて、声を合わせて歌っているか？

◎　二部合唱の学習では、友達の歌声や伴奏を聴いて、旋律の重なる響きを感じ取りながら歌うことができました。○○さんの表情豊かに歌う姿が印象的でした。

◎ 「○○」の合唱では、スタッカートが多く弾んだ感じのリズムと、スラーが多くなめらかなリズムとの違いが表れるように、工夫して歌うことができました。のびのある美しい歌声はみんなのよい手本となりました。

○ 「○○」の学習では、日本に古くから伝わる曲の雰囲気を感じ取りながら歌うことができました。

○ 「○○」の学習では、口を大きく開け、発声や発音に気をつけて歌うことができました。

△ 音楽の学習では、いつも大きな声で歌っています。合唱の時には友達の歌声に耳を傾け、音を重ねようとすることを意識するとさらに美しい響きになると指導しています。

△ 体の力を抜き、呼吸や口の開け方に気をつけることで、少しずつ高い音域の声が出るようになってきました。自分に合った声の出し方ができるよう、引き続き指導していきます。

教科
音楽

〔思考・判断・表現〕　　　　　　　　　　　　　　　　　　評価のチェックポイント

● スタッカートやスラーなどの表現方法や、強弱、速度の変化などの歌唱表現についての知識や技能を生かしながら、曲の特徴にふさわしい表現を工夫しているか？

● 歌唱表現を工夫する手がかりを曲の特徴に求めて表現をつくり出し、どのように歌うかについて思いや意図をもっているか？

◎ 「○○」の合唱では、元気で力強い曲想を表現するために、1つ1つの言葉をはっきりと歌ったり、声が重なるところは互いの声が響くように歌ったりする工夫を考えました。

◎ 「○○」の学習では、○○という歌詞からのびやかで明るい感じで歌うとよ

いことに気づいていました。さらに、言葉のまとまりを意識して歌うとなめら
かな感じが出ることに気づき、歌い方を工夫していました。

○ 「○○」の合唱では、2つのパートが呼びかけ合う様子が伝わるように、強
　弱をつけて歌う工夫を考えました。

○ 美しい山々の情景を表現するために柔らかくて優しい声を出したいと、呼吸
　や発声の仕方を工夫していました。

△ 正しい音程で歌うことに苦手意識をもっていました。手を使って旋律の音の
　上がり下がりを確認することで、曲の山を意識して歌うことができるように
　なってきました。

△ 「○○」の合唱では、声の強弱を工夫することで静かな曲想に合った歌い
　方になることを指導しています。少しずつ曲のイメージに合った声で歌うこと
　ができるようになってきました。

┌───┐
│〔主体的に学習に取り組む態度〕　　　　　　　評価のチェックポイント│
│   │
│ ●進んで歌唱表現に関わり、友達と一緒に音楽活動をする楽しさを味わってい│
│ 　るか？   │
│ ●様々な音楽に親しみ、音楽経験を生かして生活を明るく潤いのあるものにし│
│ 　ようとしているか？   │
└───┘

◎ 2つの旋律が重なり合うところが面白いと何度も曲を口ずさんでいました。ま
　た、手拍子で3拍子のリズムを感じ取りながら、表情豊かに歌う姿が印象
　的でした。

◎ 曲のイメージに合ったのびやかな声で歌うことができるよう熱心に練習して
　いました。○○さんの歌声から「より美しく歌いたい」という気持ちが伝わっ
　てきました。

○ きれいな声で表情豊かに歌えるようになりたいと、鏡の前で表情や口の開け方を練習する前向きな姿勢に感心しました。

○ 歌うことが大好きで、新しい曲を学習すると休み時間にも口ずさんでいる様子が見られました。友達と一緒にリズムにのって、のびのびと歌う姿に好感がもてました。

△ 口を大きく開けて、正しい呼吸をすると大きな声で歌えるようになると指導しました。繰り返し指導することで、少しずつ大きな声が出るようになってきました。

△ 「○○」の学習では、拍の流れにのって歌うことができずにいました。友達と一緒に手拍子をしながら歌うことで、体全体でリズムを感じ取って楽しく歌えるようになってきました。

A　表現（器楽）

〔知識・技能〕　　　　　　　　　　　　　　　　　　　　評価のチェックポイント

● 曲想と音楽の構造との関わりについて理解しているか？

● 多様な楽器の音色や響きと演奏の仕方との関わりについて理解しているか？

● 範奏を聴いたり、ハ長調の楽譜を見て演奏しているか？

● 音色や響きに気をつけて、旋律楽器及び打楽器を演奏しているか？

● 互いの楽器や音の副次的な旋律、伴奏を聴いて、音を合わせて演奏しているか？

◎ 「○○」のリコーダー奏では、タンギングや息のつかい方を工夫して演奏することができました。スタッカートが続く旋律では歯切れよく、スラーが続く旋律ではなめらかに吹くことができていて感心しました。

◎ 「○○」の学習では、クラベスを担当しました。難しい付点のリズムを何度

も練習し、拍の流れにのって演奏することができました。また、他のパートの音をよく聴き、音の強弱に気をつけて演奏していたのは素晴らしいです。

○ 「○○」のリコーダー奏では、タンギングと息づかいに気をつけて、高いミ・ファ・ソをきれいな音で吹くことができました。

○ 「○○」の学習では、重なり合う楽器の音の響きに気をつけながら演奏することができました。

△ リコーダーのサミングがなかなかできずにいましたが、親指の先でうらあなを開けたり閉じたりする練習をすることで、少しずつできるようになってきました。

△ 自分の楽器の音が他の楽器の音とずれてしまうので、主な旋律をよく聴いて演奏するよう指導しました。繰り返し練習することで、拍の流れを感じ取ることができるようになってきました。

〔思考・判断・表現〕　　　　　　　　　　　　　　　　評価のチェックポイント

●スタッカートやスラーなどの表現方法や楽器の音色、強弱、速度の変化などの器楽表現についての知識や技能を生かしながら、曲の特徴にふさわしい表現を工夫しているか？

●器楽表現を工夫する手がかりを曲の特徴に求めて表現をつくり出し、どのように演奏するかについて思いや意図をもっているか？

◎ 「○○」の合奏では、曲想に合った軽やかな音色を出したいと、いろいろなマレットの中から一番イメージに合ったものを選んで演奏しました。また、音の強弱やたたき方を工夫していて感心しました。

◎ 「○○」のリコーダー奏では、前半の弾んだ感じと後半のゆったりした感じの違いを表現するために、タンギングや息づかいを工夫して演奏することができました。

○ 「○○」の合奏では、主な旋律の音が聴こえるように、大太鼓と小太鼓の音のバランスを考えながら、たたき方を工夫していました。

○ 静かでさみしい感じがするのは、旋律の音の上がり下がりが少ないことやスラーが多いことだと気づき、リコーダー演奏のタンギングをなめらかに吹く工夫を考えていました。

△ リコーダーを吹く時に音が切れてしまうことが多いので、音を長く吹く練習をしました。繰り返し練習することで、ちょうどよい息の強さで吹けるようになってきました。

△ 木琴で2つの音を同時にたたくことができずにいました。手をたたいて四分休符を意識することで2つの音がそろうようになってきました。

〔主体的に学習に取り組む態度〕　　　　　　　　　　評価のチェックポイント

●進んで器楽表現に関わり、友達と一緒に音楽活動をする楽しさを味わっているか？

●様々な音楽に親しみ、音楽経験を生かして生活を明るく潤いのあるものにしようとしているか？

◎ リコーダーが大好きで、新しい曲との出会いを心待ちにしています。一生懸命練習してたくさんの曲を吹けるようになりました。難しい曲でも休み時間を使って一生懸命に練習し、すぐに吹けるようになったのは、大変立派でした。

◎ 「○○」の合奏では、鍵盤ハーモニカのパートリーダーになりました。自分でリコーダーの主な旋律を吹いて、それに合わせてメンバーに練習するよう声かけをする姿はみんなのよき手本となっています。

○ リコーダーの二重奏では、友達の演奏のよいところに気づき、自分の演奏に取り入れていました。友達から学べることはとても素晴らしいことです。

○ 「○○」の合奏では、木琴パートに立候補しました。音楽室で練習ができない時には、教室で鍵盤ハーモニカを使って練習をしていて感心しました。

△ リコーダーの演奏では、スムーズに指を動かすことができないので苦手意識がありました。主な旋律を階名で覚えてから練習するよう指導し、少しずつ自信をもてるようになってきました。

△ 「○○」の合奏では、自分の演奏したい楽器を選ぶことができずにいましたが、友達の演奏を聴いてやりたい楽器を選ぶことができました。

A 表現（音楽づくり）

〔知識・技能〕	評価のチェックポイント
●いろいろな音の響きやそれらの組み合わせの特徴及び音やフレーズのつなげ方や重ね方の特徴について理解しているか？ ●反復や変化などの音楽の仕組みを用いて音楽をつくる技能を身につけているか？	

◎ ウッドブロックとトライアングルを組み合わせると、音の高さや長さが違って面白いことに気がつきました。その面白さを自分の音楽づくりに生かすことができました。

◎ 短いフレーズを呼びかけ合うようにつなげていくと面白い表現になることに気づき、グループでの音楽づくりの中心として活躍していました。

○ 与えられた音でわらべうたに合う伴奏を表現することができました。

○ 友達と協力しながら「○○」の音づくりを工夫していました。○○の様子が分かるように何度も音を聴き、様子に合う音を見つけていました。

△ 音楽をつくる学習では、どういう音楽にしたらよいかイメージが浮かばない
ようでした。友達のイメージを参考にして、まず楽器の音色を確かめながら、
思いに合った音を選ぶところから取り組みました。

△ 「メロディーづくりは難しいもの」と諦めてしまっているようなところがありまし
た。簡単なメロディーを繰り返すなどしながら、音楽づくりを行ってきました。

```
〔思考・判断・表現〕                          評価のチェックポイント

●音楽づくりについての知識や技能を得たり生かしたりしながら、即興的に表
 現することを通して、音楽づくりの発想を得ているか?
●音を音楽へと構成することを通して、どのようにまとまりを意識した音楽を
 つくるかについて思いや意図をもっているか?
```

◎ 音楽室にある様々な楽器にふれながら「これは、○○の音みたい」と音や
響きの特徴を感じ取ることができました。音楽を聴いて「楽しそう」「さみし
そう」「ゆったりした感じ」と自分なりのイメージを広げることもでき、とても
感心しました。

◎ 自分が工夫した音と友達の工夫した音とを交互に鳴らしていくと、音で会話
をしているような様子を表現できることに気づき、その後の音楽づくりに生
かしていました。

○ リコーダーの旋律づくりでは、自分のイメージに合うように何度も練習し、強
弱を付け変化を楽しんでいました。

○ 「○○」の音づくりの時、○○の音はどの楽器で表そうかと自分のイメージ
にこだわり、様々な楽器の音色を確かめながら自分の思いを表現していま
した。

△ リズム伴奏づくりでは、どうすればよいか分からない様子で、とまどってい
ました。四分音符の簡単なリズムをたたいてみることから始めました。

△ 友達と楽しそうに音楽室のいろいろな楽器にふれて音を出していました。楽器に合った音の出し方やたたき方があることを助言しながら、その音に合ったイメージを広げていけるように声をかけてきました。

[主体的に学習に取り組む態度]　　　　　　　　　　　　　　　　評価のチェックポイント

● 主体的に音楽づくりに関わり、友達と一緒に音楽活動をする楽しさを味わっているか?

● 様々な音楽に親しみ、音楽経験を生かして生活を明るく潤いのあるものにしようとしているか?

◎ 曲に合ったリズム伴奏をつくる学習では、打楽器の演奏の仕方を工夫して、リズミカルで楽しい表現に仕上げることができました。さらに、友達にもアイデアを伝え、音楽づくりの楽しさを感じながら活動することができました。

◎ 「○○」の学習では打楽器の音に興味をもち、いろいろな音の面白さを感じながらリズム伴奏をつけることができました。新しい音色の発見にわくわくしながら学習を進めていました。

○ ○○の情景をイメージした音づくりをしたいと、休み時間に友達から○○についてのイメージを聞いたり、図書室で関連する本を借りたりしていました。

○ 音楽づくりをしていく中で、自分がつくった音楽を友達と互いに聴き合いながら、その表現のよさを共有し、音楽づくりの楽しさを味わっていました。

△ 設定した条件に基づいて音楽をつくる学習では、どういう音楽にしたらよいかイメージをもつことが難しい場面がありました。友達のイメージを参考にして、まずいろいろな音を聴くことから取り組みました。

△ 音楽づくりに取り組むことに時間がかかりました。リズムパターンをいくつか例示し、その中から好きなものを選びつなげることで、少しずつ音楽づくりの楽しさに気づくことができるようになってきました。

B 鑑賞

●曲想及びその変化と、音楽の構造との関わりについて理解しているか？

◎ 「○○」の鑑賞では、力強い感じから、優しい感じに変わったのは、低い
音の弦楽器の旋律と、高い音のフルートの旋律が交替で出てきているから
と気づき、曲想の変化を理解していました。

◎ 「○○」の鑑賞では、曲の中で同じメロディーが何度も繰り返されていること
に気づき、出てくる回数を数えていました。また、リコーダーで演奏する際
に音楽の流れを感じ取って演奏することもできました。

○ 「○○」の曲では、「スタッカートを多く使っているから、馬が走るような雰囲
気がよく出ている」ということに気づきました。

○ 斉唱で始まった曲が途中から2つの旋律に分かれて重なることに気づき、響
きの豊かさを感じ取っていました。

△ 感じの違う2曲を聴いて、違いを話し合う学習では、何をすればよいのかと
まどっていました。鑑賞のポイントをもう一度伝えて、自分なりの考えがもて
るように指導しました。

△ 鑑賞曲を聴いている時には、集中して聞いているのですが、曲に対する自
分の思いがうまく表現できないようでした。曲に合わせて体を動かすなどし
ながら、思いをふくらませるように声をかけました。

教科
音楽

●鑑賞についての知識を得たり生かしたりしながら、曲や演奏のよさなどを見
　いだし、曲全体を味わって聴いているか？

◎ 「○○」の鑑賞では、曲の変化をしっかりと聴き取り、「この曲の一番面白
　いところは、真ん中で、たくさんの楽器が大きな音で激しい感じの旋律を演
　奏して、それが急に止まったところだ」と気づき、曲全体を味わって聴くこと
　ができました。

◎ 「○○」の鑑賞では、いろいろな音の重ね方の工夫を感じ取っていました。
　また、和音のもつ表情やその表情が変化するよさや美しさも味わいながら
　聴いていました。

○ 「○○」の曲では、指揮者の真似をし、速度の変化に注目しながら楽曲を
　楽しんで聴きました。

○ 「○○」の鑑賞を通して、オーケストラで使われていた管楽器、弦楽器、打
　楽器などの楽器の種類について理解を深めていました。楽器の種類によっ
　て音色の違いがあることにも気づきました。

△ 鑑賞の学習に苦手意識がありました。曲調の変化に気づくことができてか
　らは、いろいろな曲に対して集中して聴くことができるようになってきました。

△ 楽器のもつ特性や音の出し方の学習をしてからは、その楽器の音に注目し
　て聴くことができるようになってきました。

●主体的に音楽を聴いたり、友達と一緒に音楽を聴いたりする楽しさを味わっているか？

●様々な音楽に親しみ、音楽経験を生かして生活を明るく潤いのあるものにしようとしているか？

◎　音楽を聴くことがとても好きです。教科書の曲やクラシック、日本の歌など、どんなジャンルの曲にも興味をもって聴いていました。

◎　箏や和太鼓など和楽器を使った音楽にも興味を示していました。実際に使われている楽器を見せると、音の出し方や音色にさらに関心を示していました。

○　音楽の特徴をとらえ、旋律やリズムの反復やその変化に興味をもって聴いていました。

○　「○○」の鑑賞では、楽器のもつ固有の響きを感じ取っていました。

△　聴きなれない音楽を聴くことにはあまり興味がもてないようで、他のことに気持ちが向いてしまい、集中できないことがありました。指揮をしながら聴いたり、メロディー探しをしたり、いろいろな聴き方をすることによって興味をもたせたいと考え指導してきました。

△　自分の好きなリズムの曲の時には、体を動かしながら楽しく曲を聴いています。ゆっくりとした曲や和楽器を使用した曲などの時も、音の素晴らしさを見つけながらじっくりと聴けるように指導を重ねています。

教科
音楽

図画工作

指導要録の観点とその趣旨	
観点	趣旨
❶知識・技能	●対象や事象を捉える造形的な視点について自分の感覚や行為を通して分かっている。 ●手や体全体を十分に働かせ材料や用具を使い、表し方などを工夫して、創造的につくったり表したりしている。
❷思考・判断・表現	●形や色などの感じを基に、自分のイメージをもちながら、造形的なよさや面白さ、表したいこと、表し方などについて考えるとともに、豊かに発想や構想をしたり、身近にある作品などから自分の見方や感じ方を広げたりしている。
❸主体的に学習に取り組む態度	●つくりだす喜びを味わい進んで表現したり鑑賞したりする学習活動に取り組もうとしている。

A 表現（造形遊び）

[知識・技能]　　　　　　　　　　　　　　　　　　　　評価のチェックポイント

●自分の感覚や行為を通して、形や色などに気づいているか？

●材料や用具を適切に扱うとともに、前年度までの材料や用具についての経験を生かし、組み合わせたり、切ってつないだり、形を変えるなどして、手や体全体を十分に働かせ、活動を工夫してつくっているか？

◎ 作品をつくるために、段ボールカッターやハサミ、のりやセロハンテープなど用具の特徴を理解し、用途により選んで使うことができました。また、安全な使い方にも気をつけることができ、素晴らしかったです。

○ 学校の中の気に入った場所をもとに、形の感じや色、そしてそれらの組み合わせの感じを理解した上で、自分のお気に入りの場所をつくり上げることができました。

○ 「○○」の学習では、木ぎれに釘を打ち込むことに集中しながら、次第に自分なりの表し方を見つけることができました。組み合わせてみたらどうなるか、切ってみたらどうなるかなど、試しながら活動する姿が印象的でした。

△ 金づちやのこぎりなどを一緒に使い、作品づくりを進めました。使い方を守り、安全に使えるように声をかけることで、活動に取り組むようになりました。

〔思考・判断・表現〕　　　　　　　　　　　　　　　　　評価のチェックポイント

●形や色などをもとに、自分のイメージをもっているか？

●身近な材料や場所などをもとに、造形的な活動を思いついているか？

●新しい形や色などを思い浮かべながら、どのように活動するかについて考えているか？

◎ 「この材料とこの場所でどんなことができるか」などと考え、つくり、つくり変え、またつくる活動を繰り返し、毎時間新たなことを試みながら作品を仕上げることができました。材料や場所の特徴を生かしながら作品をつくり上げる○○さんの表現力は素晴らしいです。

◎ 段ボールを組みながらできる空間のよさにこだわり、友達とアイデアを出しながら、素敵な空間を組み立てることができました。自分のイメージをはっきりともちながらも、友達の思いを大切につくりあげる○○さん。思いや場所、材料を関係付け、発想を広げることができました。

○ 枝を組み合わせてできる形をもとに、縛ったり固定したりしながらイメージに合った作品をつくり上げることができました。

○ 学校の校庭の遊具を見ながら、布を使ってどのような場所をつくることができそうか、友達と考えを出し合うことができました。また、その考えを生かし、協力しながら1つの作品をつくり上げることができました。

△ 様々な物を集め、作品づくりの準備をすることができました。何をつくるか決める時になると、迷ってしまいなかなか決まらないことがあったので、自分の思いをのびのびと表せるよう励ましています。

〔主体的に学習に取り組む態度〕　　　　　　　　　　　評価のチェックポイント

●つくり出す喜びを味わい、進んで表現する学習活動に取り組もうとしているか？

◎ つくり出す喜びを味わい、進んで窓の向こうの景色に形や色を重ねて、楽しい風景をかくことができました。作品に自分の思いをのせ、そこからまた作品の世界を広げる○○さん。でき上がった作品は、○○さんの世界が詰まった素晴らしいものになりました。

◎ 身近な場所で布をつないだり結んだりしながら思いついたことを試し、粘り強く自分の作品を完成させることができました。意欲的に作品づくりに取り組み、でき上がった作品に満足した様子でした。

○ 細く丸めた新聞紙をつなぎながら造形的な活動を楽しみ、つなぎ方や組み合わせ方を工夫して意欲的に活動することができました。

○ いつも使っている教室にあるものを透明シートで包み、形や色などの感じをとらえながら、包むことによる変化を楽しむことができました。

△ 材料からイメージが広がらず、作業に取りかかるのに時間がかかってしまいました。友達のつくっている様子を一緒に見ながら、材料の組み合わせ方などを一緒に考えることで、作品を完成させることができました。

A 表現（絵や立体、工作）

● 対象や事象をとらえる造形的な視点について、自分の感覚や行為を通して理解しているか？

● 手や体全体を十分に働かせて材料や用具を使い、表し方などを工夫して、創造的につくったり、表したりしているか？

◎ イメージに合わせた動きになるように、ゴムやたこ糸、カッターナイフや接着剤などの材料や用具を効果的かつ適切に使うことができました。今まで生活科や図画工作科、理科などで学んだことを生かして材料や用具を使い、つくり上げる姿は素晴らしかったです。

○ 窓を開けると向こうに広がる不思議な世界を想像しながら絵に表すことを通して、色の感じや、それらを組み合わせること、色の明るさなどを理解することができました。

○ 金づちを使いながら釘を並べるように打ったり、版材をのこぎりで切ったりすることができました。また、安全にも気をつけ、使い方を1つ1つ丁寧に確認することができました。

△ 水彩絵の具と水でいろいろな色をつくって絵をかく活動では、適切に色をつくることができず、一緒につくった色を使って絵を仕上げました。筆や水、絵の具の使い方を確認しながら色をつくることができると、今後の作品づくりに生かすことができます。

△ のこぎりや金づちを安全に使えるように、毎時間約束を確認してから活動に入りました。楽しく表現活動をするためにも、使い方の約束を守ることが大切です。

教科
図画工作

```
●形や色などの感じをもとに、自分のイメージをもちながら、造形的なよさや
  面白さ、表したいことや表し方などを考えているか？

●表し方などについて考えるとともに、豊かに発想や構想をしたり、身近にあ
  る作品などから自分の見方や感じ方を広げたりしているか？
```

◎ 飛び出す仕組みをもとに、家族に自分の思いが楽しく伝わるカードをつくることができました。家族のことを大切に思う○○さんの気持ちがたくさん詰まったカードとなりました。○○が飛び出すというアイデアは、友達の参考にもなりました。

○ 画面を切って開けたりめくったりしながら不思議な世界を想像し、形や色などの感じをとらえながら表現を工夫することができました。開いた時に、画面いっぱいに広がる○○は、とても素敵でした。

○ 形や形の組み合わせによる感じなどをもとに、自分のイメージをもちながら、粘土を切ったり掻き出したりして、○○をつくり上げることができました。意欲的に作品に向き合い、粘土の形をつくり変える活動を繰り返しながら、想像を広げることができました。

△ 段ボールを開いて立てたり形を写したりして、感じたことや想像したことから表したいことを見つける活動では、段ボールを手にするものの、思うように想像を広げることが難しかったようです。そのため、思いを交流する時間を設定し、友達の感じたことや想像したことを参考にすることで、少しずつ作品を仕上げることができました。

△ 絵をかくことに苦手意識をもっていたので、まず、一緒にイメージを言葉に表した上で、「○○について、かきたいことを中心に据えて、効果的に表してみよう」と助言しました。

●つくり出す喜びを味わい、表現する学習に進んで取り組もうとしているか？

◎　ゴムの力で動く仕組みを理解し、その特徴を生かした作品をつくるために、材料を集めたり、ゴムのかけ方を何度も試したりして、意欲的に取り組むことができました。○○さんの作品の動きに、友達も感心していました。作品の裏側を見せながら、動く仕組みを伝える○○さんの姿が印象的でした。

◎　切り糸やかきべらの使い方をいろいろと試しながら粘土の形を変え、粘り強く作品をつくることができました。また、友達とお互いの作品を見合って、用具の使い方の共通点や差異点を見つけ、表現の面白さを伝え合うことができました。

○　つくり出す喜びを味わい、進んで絵の具と水、筆を使って様々な色をつくりながら、思いついたことを表す学習に積極的に取り組むことができました。

○　自分のお気に入りの物語の場面について想像を広げながら、それを絵に表す活動を楽しんで取り組むことができました。

教科
図画工作

△　紙版画の学習では、どのようにパーツをつくっていけばよいか分からないようでしたので、友達や例示の作品を参考にして一緒にパーツを組み合わせました。形ができ上がってくると、見通しをもつことができ、最後には1人でパーツを組み合わせることができました。

B 鑑賞

◎ 石を集めたり、友達の見つけた石と自分の見つけた石を比べたりして、身近な自然がつくり出す形や色の多様さを理解することができました。

◎ 指で絵の具を混ぜる時の感覚や行為を通して、色の感じや明るさ、形の感じなど、分かったことを友達に伝えることができました。混ぜることによって徐々に変化する色の様子の規則性についても理解していました。

○ 友達のつくった作品と自分の作品を比べ、表し方の同じところや違うところが分かりました。また、多様な作品の面白さを感じ取り、自分の見方や感じ方を広げることができました。

○ 自分の作品や友達の作品のよいところを、見つけることができました。また、見つけたことや制作過程の振り返りから、自分の思いに合った作品にするための工夫点も見つけることができました。

△ 自分の作品と友達のつくった作品の似ているところや違うところに気づくことができるよう、声をかけながら一緒に作品を見比べました。友達の作品のよいところに目を向けると、自分の作品にも生かすことができるので、いろいろな作品を鑑賞するよう声をかけています。

△ 意欲的に材料を集めることができました。その材料の形や感じ、色の様子などに着目できるよう、それらの面白さを自分の作品に生かすことができるよう助言しています。

●形や色など造形的な特徴をもとに、自分のイメージをもつことができるか？

●自分たちの作品や身近な美術作品、制作過程における造形的なよさや面白さ、
表したいことやいろいろな表現の方法について感じ取ったり考えたりし、自
分の見方や感じ方を広げているか？

◎ 「○○」では、友達の版画の作品から、段ボールや毛糸、モールなどの材
料によって印刷した時の様子が違うことに気づき、それをクラスのみんなに
伝えることができました。また、様々な材料を使った友達の意図を考え、そ
の作品のよさにも気づくことができました。

○ 段ボールの板を組み合わせて、その形の造形的なよさや面白さなどをとら
え、自分の見方や考え方を広げながら、いろいろなつくり方について感じ
取ったり考えたりすることができました。

○ 形や色の感じ、それらの組み合わせによる感じなどをもとに、イメージをふ
くらませながら自分の見方や感じ方を広げることができました。また、自分
のイメージを友達に分かりやすく伝えることができ、クラスのみんなも関心
していました。

△ 友達の作品にも関心をもち、よさや自分の作品との違いを見つけることが
できると、次の自分の作品づくりにも生かすことができます。そのため、材
料の生かし方や表現方法の違いなどが見つけられるように助言をしました。

△ 自分のイメージをもちながら、ひもを使ってできた形や場所の様子などの面
白さに気がつくように、一緒に鑑賞しました。また、みんなでつくった作品
を大切にできるよう声をかけました。

●鑑賞する活動に取り組む中で、形や色などに関わり、楽しく豊かな生活を創
　造しようとしているか？

◎　「○○」では、進んで指や筆で絵の具を混ぜながら、色や形の違いをとら
　えたり、変わっていく様子の面白さを味わったりすることができました。何
　度も繰り返し試す中で、変化の違いを感じ取り、それぞれのよさを友達に
　伝える姿が素晴らしかったです。

○　つくり出す喜びを味わい、進んで石を集めて、身近な自然の形や色の面白
　さを感じ取る学習に、粘り強く取り組むことができました。

○　様々な美術作品を見て、ポーズに着目することで、どのような場面かを考え
　ながら、作品のよさを味わうことができました。

△　友達の作品にも興味をもち、よさや自分の作品との違いを見つけることが
　できると、次の作品づくりにも生かすことができます。そのため、材料の生
　かし方や表現方法の違いなどが見つけられるように励ましてきました。

体育

指導要録の観点とその趣旨

観点	趣旨
❶知識・技能	●各種の運動の行い方について知っているとともに、基本的な動きや技能を身に付けている。また、健康で安全な生活や体の発育・発達について理解している。
❷思考・判断・表現	●自己の運動の課題を見付け、その解決のための活動を工夫しているとともに、考えたことを他者に伝えている。また、身近な生活における健康の課題を見付け、その解決のための方法を工夫しているとともに、考えたことを他者に伝えている。
❸主体的に学習に取り組む態度	●各種の運動の楽しさや喜びに触れることができるよう、各種の運動に進んで取り組もうとしている。また、健康の大切さに気付き、自己の健康の保持増進についての学習に進んで取り組もうとしている。

A 体つくり運動

〔知識・技能〕　　　　　　　　　　　　　　　　　評価のチェックポイント

●姿勢を変えたり、跳んだりするなど身体を操作する動きや、ボールやなわ、フープなど用具を操作する動きにある楽しさに気づき、友達と協力したり、動きを組み合わせたりして運動しているか？

◎　体ほぐしの運動では、動作や人数などの条件に着目し、その条件を操作して、運動に広がりや深まりをもたせ、楽しむことができました。

◎　多様な動きをつくる運動では、フープを上手にコントロールして転がすとともに、フープをくぐりぬけたり、フープの間にボールを通してキャッチボールをしたりするなど、動きを組み合わせて運動を楽しむことができました。

○ 体ほぐしの運動では、動作や人数によって変わる難しさを楽しみながら運動することができました。

○ 多様な動きをつくる運動では、フープの投げ方や力の入れ具合を工夫して練習し、ねらったところにまっすぐ転がせるようになりました。

△ 体ほぐしの運動では、動作が複雑になったり、人数が増えたりすると、消極的になることがありました。1つ1つの動作、少人数での運動はできているので、繰り返しチャレンジするよう励ましています。

△ 多様な動きをつくる運動では、フープを投げることに意識が集中し、ねらう場所を見ていないことがありました。安全のためにも、投げる場所をしっかりと確認してから投げるよう指導しています。

〔思考・判断・表現〕	評価のチェックポイント

●自分の体の動きや用具の操作に関する課題を見つけ、体や用具をよりよく、より楽しく動かすために、練習や活動の場を工夫したり、友達と協力し合ったりしているか？

◎ 体ほぐしの運動では、よりよく、より楽しく運動するために、動作や人数などの条件を変えたり、練習や活動の場を工夫したりすることができました。

◎ 多様な動きをつくる運動では、身につけた動きを組み合わせ、よりよく、より楽しい運動を考え、その楽しさを友達に伝えることができました。

○ 体ほぐしの運動では、身につけたい動きを決め、友達の協力を得ながら練習することができました。

○ 多様な動きをつくる運動では、身につけた動きの組み合わせを考えることができました。

△ 体ほぐしの運動では、基本的な動きを身につける練習の仕方や練習の場を一緒に考え、練習に取り組みました。

△ 多様な動きをつくる運動では、身につけた動きを一緒に振り返り、どのように組み合わせるとより楽しくなるかを考えました。

〔主体的に学習に取り組む態度〕　　　　　　　　　　　評価のチェックポイント

●ルールと安全、友達と助け合うこと、学び合うことを意識して準備や活動に進んで取り組もうとしているか？

◎ 体ほぐしの運動では、動作や人数を工夫して意欲的に取り組むことができました。また、動作や人数に応じて、運動をするスペースを広げるなど、安全面にも気をつけて学習することもできました。

◎ 多様な動きをつくる運動では、自分が気づいた動きのポイントを友達に伝え、一緒にたくさんの動きを楽しむことができました。

○ 体ほぐしの運動では、グループの組み合わせが変わっても、仲よく取り組むことを心がけて、学習することができました。

○ 多様な動きをつくる運動では、友達が考えた動きの楽しさを認め、一緒に楽しむことができました。

△ 体ほぐしの運動では、取り組むまでに時間がかかりましたが、友達の様子を見て真似をするうちに、運動の楽しさにふれることができました。

△ 多様な動きをつくる運動では、体を上手に動かすことができず、消極的になることがありました。動きのポイントを1つ1つ意識して練習するよう指導しています。

教科
体育

B 器械運動

●基本的な技のポイントを意識して練習に取り組み、身につけているか？

●器械運動の楽しさを味わうために、自分の力に合った課題をもって取り組もうとしているか？

◎ マット運動では、手を置く位置や足の伸ばし具合、開き具合など、技のポイントと美しさを意識して練習し、技を身につけることができました。

◎ 跳び箱運動では、基本的な技だけでなく、発展技にも積極的に挑戦し、技を身につけることができました。

○ マット運動では、基本的な技の練習に取り組み、技を身につけることができました。

○ 跳び箱運動では、助走、踏み切り、手を置く位置を意識して練習し、基本的な技を身につけることができました。

△ マット運動では、技のポイントを1つずつ丁寧に確認しながら練習に取り組み、できる技を増やせるよう指導しました。

△ 跳び箱運動では、力強く踏み切ること、手をできるだけ前方に着くことを意識して練習するよう指導しました。練習の結果、○段の高さまで開脚跳びができるようになりました。

〔思考・判断・表現〕　　　　　　　　　　　　　　　　評価のチェックポイント

●自分の力に合った技、練習の場を選び、技のポイントを意識して取り組んで
いるか？

◎　マット運動では、上手にできたところ、できなかったところを振り返り、上
手にできたところは友達にアドバイスとして伝え、上手にできなかったところ
は、友達にアドバイスを求め、取り組むポイントをはっきりさせて練習する
ことができました。

◎　跳び箱運動では、技のポイントやできばえを振り返り、自分ができている
部分、できていない部分をはっきり意識することができました。できていな
い部分に対しては、練習の仕方を工夫することもできました。

○　マット運動では、身につけたい技を決め、技のポイントを意識しながら練習
することができました。

○　跳び箱運動では、手を着く場所と踏み切りを意識して、基本的な技の練習
に取り組むことができました。

△　マット運動では、回転することにばかり意識がいき、手を着く場所や手の着
き方が乱れることがありました。技のポイントをしっかりと意識してから練習
するよう指導しました。

△　跳び箱運動では、手を着く場所や力強く踏み切ることを意識して、練習する
よう指導しました。

教科
体育

●場や器械・器具の安全に気をつけ、友達と協力し、楽しみながら動きや技の
　習得に取り組もうとしているか？

◎　マット運動では、友達と技を見合ったり、補助をし合ったりして、互いのよ
　いところを引き出し合いながら、練習することができました。

◎　跳び箱運動では、マットや跳び箱の準備や片づけを友達と協力して行うと
　ともに、正しい使い方を心がけたり、次に跳ぶ友達に「どうぞ」と声をかけ
　たりするなど、安全を意識して取り組むことができました。

○　マット運動では、友達と技に対するアドバイスをし合いながら練習すること
　ができました。

○　跳び箱運動では、先に跳んだ友達、後から跳ぶ友達と声をかけ合いながら、
　安全に気をつけて練習することができました。

△　マット運動では、前転以外の技に対して消極的な姿が見られました。前転
　は上手にできているので、他の技にも自信をもって取り組むよう指導しました。

△　跳び箱運動では、段数が増えると消極的になることがありました。手を着く
　位置、踏み切りは練習して上手になっているので、自信をもって取り組むよ
　う励まし、指導しました。

C 走・跳の運動

●リレーのバトンパス、幅跳び、高跳びの踏み切りなど、走・跳の運動を楽しむ基礎となるポイントを意識して練習に取り組み、身につけているか？

◎ リレーでは、「バトンは右手でもらって左手で渡す」「バトンを渡す時に『はい』と声をかける」「前を向いて走りながらバトンをもらう」というチームのバトンパスの約束を守って走ることができました。

◎ 幅跳び（高跳び）では、踏み切り足を決める、前方（高跳びでは上方）に強く踏み切る、遠くに（高跳びでは高く）跳ぶという3つのポイントを意識し、より遠くに（高跳びでは高く）跳べるようになりました。

○ リレーでは、前を向いて走りながらバトンをもらうことができるようになりました。

○ 幅跳び（高跳び）では、助走と踏み切りの練習に取り組み、自分が決めた踏み切り足で跳べるようになりました。

△ リレーでは、バトンをもらう時に後ろを向いたり、立ち止まったりすることがありました。チームメイトがしっかりと渡してくれることを信じて、前を向き走るよう指導しました。

△ 幅跳び（高跳び）では、助走と踏み切り足を合わせることを気にして、力強く踏み切れないことがありました。助走を短くして練習し、力強く踏み切ることを意識するよう指導しました。

教科
体育

●自己の課題やチームの課題を解決したり、クラス全員が運動を楽しんだりするために、練習や競走の仕方を工夫しているか？

◎ リレーでは、リードを開始するタイミングに注目しました。前の走者がどこまで来た時に走り出せばよいかを考え、チームの友達にも伝えることができました。

◎ 幅跳び（高跳び）の学習では、歩幅と踏み切りの関係に気づき、最後の三歩を意識して跳ぶことができました。また、同じ課題をもっている友達には、気づいたことをもとにアドバイスをすることができました。

○ リレーでは、リードを開始するタイミングを工夫しながら練習することができました。

○ 幅跳び（高跳び）では、自分に合った助走距離を見つけるため、スタート位置を前後に調整しながら練習することができました。

△ リレーでは、走ることに集中するあまり、バトンを落としてしまいました。「右手でもらって左手で渡す」というチームの約束を意識して取り組むよう指導しました。

△ 幅跳び（高跳び）では、助走のスタート位置が定まらず、踏み切りのタイミングが合わないことがありました。目印をつけるなどして、スタート位置を定めて取り組むよう指導しました。

●ルールと安全及び友達と助け合い、学び合うことを意識して、進んで活動や
準備に取り組もうとしているか?

◎　リレーでは、結果よりも、結果を受け入れて次の学習に生かすことを大切
にし、チームとしてよかったところや改善するところに目を向けることができ
ました。

◎　幅跳び（高跳び）では、準備や片づけを友達と協力して行うとともに、次に
跳ぶ友達に「どうぞ」と声をかけるなど、安全を意識して取り組むことができ
ました。

○　リレーでは、友達とバトンパスのタイミングに関するアドバイスをし合いなが
ら練習することができました。

○　幅跳び（高跳び）では、設定しためあてに向けて練習し、記録を更新するこ
とに楽しみを感じていました。

△　リレーでは、走ることに苦手意識がありましたが、バトンをもらう位置や渡
す位置を工夫することで、前向きに取り組む姿が見られるようになってきま
した。

△　幅跳び（高跳び）では、上手に跳ぶことができず、消極的になることがあり
ました。力強く踏み切るなど、遠くに（高跳びでは高く）跳ぶポイントを意識
して練習するよう指導しました。

教科
体育

D　水泳運動

●浮いて呼吸をしながら、手や足を使って水の中を進んでいるか？

◎　浮いて進む運動では、身体をまっすぐに伸ばす泳ぐのに適した姿勢を身に
　つけ、その姿勢から手と足をバランスよく動かし、呼吸をしながら泳ぐこと
　ができました。

◎　もぐる・浮く運動では、伏し浮きから大の字浮き、背浮きから伏し浮きなど、
　水中で足を着かずに姿勢を変えて、様々な浮き方をすることができました。

○　浮いて進む運動では、プールの壁を蹴り、その後、手や足を動かして進む
　ことができました。

○　もぐる・浮く運動では、全身の力を抜いて、背浮きやだるま浮きなど、いろ
　いろな浮き方をすることができました。

△　浮いて進む運動では、水面に顔をつけ、身体をまっすぐ伸ばした姿勢をと
　ることを目標に練習に取り組みました。

△　もぐる・浮く運動では、水中で息を吐くことを意識して、練習に取り組みました。

●泳ぎのポイントを意識して練習したり、友達にアドバイスしたりしているか？
●自分に合った距離や泳ぎ方のめあてを設定し、活動しているか？

◎　浮いて進む運動では、身体をまっすぐ伸ばすことを意識し、その姿勢がと
　れているか友達に確認してもらいながら練習に取り組むことができました。

◎ もぐる・浮く運動では、身につけたもぐり方や浮き方のポイントを言葉や動作を交えて友達に伝えることができました。

○ 浮いて進む運動では、け伸びで進む距離を設定し、その目標を達成できるよう、プールの壁をしっかり蹴ること、身体をまっすぐに伸ばすことを意識して練習に取り組みました。

○ もぐる・浮く運動では、もぐり方や浮き方のポイントに関するアドバイスを友達に求めながら練習に取り組むことができました。

△ 浮いて進む運動では、泳ぐ時に頭を上げてしまうため、身体が沈んでしまうことがありました。顎を引き、身体をまっすぐ保つことを意識するよう指導しました。

△ もぐる・浮く運動では、水中で息をゆっくり吐くことを意識させ、少しでも長い時間、もぐったり、浮いたりできるよう指導しました。

〔主体的に学習に取り組む態度〕　　　　　　　　評価のチェックポイント

●ルールと安全及び友達と助け合い、学び合うことを意識して、進んで活動や準備に取り組もうとしているか？

◎ 浮いて進む運動では、友達と協力して使用する用具の準備や片づけをしたり、スタートする順番を確認して安全に気をつけて取り組んだりすることができました。

◎ もぐる・浮く運動では、バディでアドバイスをし合ったり、補助し合ったりしながら、学習を進めることができました。

○ 浮いて進む運動では、友達の動きのよさを認め、言葉に動作を交えて伝えていました。

○ もぐる・浮く運動では、友達と声をかけ合い、励まし合いながら、設定しためあてに向かって練習することができました。

△ 浮いて進む運動では、浮くことを第一に意識させ、姿勢よく浮くことができるようになってから手足を動かして進むよう指導しました。

△ もぐる・浮く運動では「水中じゃんけん」などの遊びを通して、水面に顔をつけたり、水中にもぐったりすることができるよう指導しました。

E　ゲーム

<table>
<tr><td>〔知識・技能〕</td><td align="right">評価のチェックポイント</td></tr>
<tr><td colspan="2">●基本的なボール操作とボールを持たない時の動きを身につけているか？</td></tr>
</table>

◎ ゴール型ゲームでは、ボールをもつとすぐにゴールに体を向けてプレーし、ボールを持たない時は、ディフェンスとゴールの位置を見て、ゴールをねらいやすい場所に動くことができました。

◎ ネット型ゲームでは、ボールの動きをしっかりと把握し、コントロールしやすい場所に移動して、正確にボールを扱うことができました。

○ ゴール型ゲームでは、チームメイトとパス交換をし、シュートを打つことができました。

○ ネット型ゲームでは、自分のところに飛んできたボールをチームメイトにつないだり、相手チームのコートに返したりすることができました。

△ ゴール型ゲームでは、チャンスをつくるためにボールとゴール、チームメイトとディフェンスの位置をしっかりと確認するよう指導しました。

△ ネット型ゲームでは、ボールを正確にコントロールするために、ボールの動

きを予想し、コントロールしやすい体勢を整えることを指導しました。

〔思考・判断・表現〕　　　　　　　　　　　　　　評価のチェックポイント

●ゲームのルールを工夫して楽しんだり、作戦や練習方法などを考え、ゲーム
に臨んだりしているか？

◎　ゴール型ゲームでは、ゲームをよく観察する中でチャンスが生まれやすい場
面に気づき、その場面のつくり方を考えてチームメイトに伝えることができ
ました。

◎　ネット型ゲームでは、ボールを上手にコントロールする練習方法を考え、言
葉だけでなく動きも交えてチームメイトに説明することができました。

◯　ゴール型ゲームでは、チームの作戦を理解してプレーし、チャンスを見つけ
た時は声を出して、チームメイトにアピールすることができました。

◯　ネット型ゲームでは、友達の動きのよさを認めて伝えるとともに、その動き
を自分も身につけるためにアドバイスを求めることもできました。

△　ゴール型ゲームでは、チャンスを多くつくれるよう、チームメイトと声をかけ
合ったり、作戦を考えたりするよう指導しました。

△　ネット型ゲームでは、ボールを上手にコントロールするために、ボールの動
きと自分の位置について考えるよう指導しました。

教科
体育

〔主体的に学習に取り組む態度〕　　　　　　　　評価のチェックポイント

●ルールと安全、チームワークを意識して、進んで準備をしたり、ゲームを進
めたりしようとしているか？

◎　ゴール型ゲームでは、チームメイトに積極的に声をかけ、チームとしてチャ

ンスをつくる場面を増やすとともに、勝敗にかかわらず、チームのよさや課
題を見つけていました。

◎ ネット型ゲームでは、準備や片づけを友達と協力して行うとともに、周りに
気をつけて練習やゲームをし、安全に学習を進めることができました。

○ ゴール型ゲームでは、チャンスの時に大きな声でアピールしたり、チームメ
イトを応援したりするなど、積極的に取り組む姿勢が見られました。

○ ネット型ゲームでは、チームメイトとアドバイスをし合いながら、練習やゲー
ムに取り組む姿が見られました。

△ ゴール型ゲームでは、積極的にゲームに取り組めるよう、どんな練習をすれ
ばよいか一緒に考えながら指導しました。

△ ネット型ゲームでは、ボールを上手にコントロールする動きを身につけられ
るよう、よい動きをしている友達を見つけ、一緒に練習するよう指導しました。

F　表現運動

<table>
<tr><td>〔知識・技能〕</td><td>評価のチェックポイント</td></tr>
<tr><td colspan="2">●表現では、題材の特徴をとらえ、表したい感じをひと流れの動きにして、即
　興的に表現しているか？
●リズムダンスでは、軽快なリズムに乗って、全身で踊ったり、友達と関わり
　合ったりしているか？</td></tr>
</table>

◎ 表現では、硬い動き、軟らかい動き、速い動き、遅い動きなど、題材に合
わせて動きを工夫したり、変化させたりすることができました。

◎ リズムダンスでは、リズムに乗って弾むだけでなく、ねじったり、回ったり

する動きなどを取り入れ、変化を付けて踊ることができました。

○ 表現では、題材にふさわしい動きを考え、表現することができました。

○ リズムダンスでは、リズムに乗って、友達と楽しく踊ることができました。

△ 表現では、題材に対するイメージをなかなかもてなかったので、いろいろな動きを試して、その中から選ぶよう指導しました。

△ リズムダンスでは、リズムに合わせて手拍子をして、リズムをとらえられるよう指導しました。

〔思考・判断・表現〕　　　　　　　　　　評価のチェックポイント

●題材やリズムの特徴をとらえた動きや踊りを考えたり、考えた動きや踊りを友達に伝えたりしているか？

◎ 表現では、題材から得たイメージをすぐさま動きにしたり、友達の動きを取り入れて、よりよい表現を考えたりすることができました。

◎ リズムダンスでは、自分が考えた動きを友達に教えたり、友達の動きのよいところを見つけて伝えたりしながら、よりよいダンスを考えることができました。

○ 表現では、同じ題材の友達と話し合い、互いに見合いながら動きを考えることができました。

○ リズムダンスでは、リズムと動きのポイントを意識し、友達と確認し合いながら踊ることができました。

△ 表現では、動きを考えるために、題材から連想するものを一緒に考えて書き出し、それをもとに動きをつくるよう指導しました。

△ リズムダンスでは、ねじったり、回ったりする動きを1つずつ一緒に確認し
ながら、指導しました。

```
┌─────────────────────────────────────────────────────────────────┐
│ 〔主体的に学習に取り組む態度〕                    評価のチェックポイント │
│                                                                   │
│  ●題材から得たイメージや曲のリズムを楽しみ、進んで表現したり、踊ったり │
│  しようとしているか？                                             │
└─────────────────────────────────────────────────────────────────┘
```

◎ 表現では、友達のよい動きを認めることができました。また、大きな動きを
する時には、周りの安全を確かめてから取り組むこともできました。

◎ リズムダンスでは、友達と仲よく楽しく踊ることを心がけ、笑顔で踊ることを
みんなに確認して取り組みました。

○ 表現では、題材をひと流れの動きで表現することを楽しむことができました。

○ リズムダンスでは、リズムと体の動きを合わせる心地よさを感じながら、学
習を進めることができました。

△ 表現では、小さい動きが多かったので、大きい動きも取り入れてメリハリを
付け、より分かりやすく表現するよう指導しました。

△ リズムダンスでは、リズムに乗って体を動かすことを楽しめるよう、簡単な
リズムと動きを取り入れた練習から取り組むよう指導しました。

保健〈3年〉

1 健康な生活

◎　健康状態が優れなかった時のことを振り返り、「あの時は寝る時間が遅くて睡眠が足りていなかった」と、健康と睡眠のつながりについて理解することができました。

◎　人との関わり方と心と体の健康とのつながりに気づき、明るく楽しい生活を送るためには、健康が重要であることを理解することができました。

○　1日の生活の中で、運動、食事、睡眠をしっかりとることが健康につながることを理解することができました。

○　衣服を着替えたり、毎日ハンカチを取り替えたりするなど、清潔を保つことが健康につながっていることを理解することができました。

△　食事を取らなかった時や睡眠不足の時は、どのような状態だったか具体的に振り返るよう声をかけ、食事、睡眠と健康のつながりが理解できるよう指導しました。

△　お風呂に入らなかったり、衣服を着替えなかったりすると心や体にどのような変化が起こるか順を追って示し、変化が理解できるよう指導しました。

教科
体育

●運動、食事、休養及び睡眠、体の清潔、明るさや換気などの視点から自分の
生活を振り返り課題を見つけ、より健康に過ごす方法を考えているか？

◎ 自分の生活の仕方を運動、食事、休養及び睡眠など、学習した視点で振
り返り、他の時間とのバランスを調整し、より健康に過ごす生活の仕方を
考えることができました。

◎ 自分と友達の1日の生活の仕方を見比べて、健康を意識しているところ、改
善する必要があるところを互いに伝え合い、よりよい生活の仕方を考えるこ
とができました。

○ 健康に過ごすという意識をもって自分の生活の仕方を見直すことができまし
た。

○ 運動、食事、休養及び睡眠をしっかりと取り入れれば健康が保て、明るく
楽しく生活できるという考えをもつことができました。

△ 運動、食事、休養及び睡眠という視点を確認し、それぞれの視点から自分
の生活の仕方を見直すよう声をかけ、指導しました。

△ 健康状態と人との関わり方のつながりに気づけるよう、運動、食事、休養
及び睡眠それぞれの具体的な場面を提示して指導しました。

〔主体的に学習に取り組む態度〕　　　　　　　　　　評価のチェックポイント

> ●自身の生活を運動、食事、休養及び睡眠、体の清潔、生活環境といった視点
> から振り返り、より健康的な生活の仕方を確立しようとしているか？

◎　運動と食事に対して興味をもち、どのような運動であれば毎日続けていける
　　かや食事の時間はどれくらいが適切かを積極的に考えていました。

◎　睡眠に対して関心をもち、睡眠時間が体の成長や心の状態に及ぼす影響
　　を調べ、理想とされる睡眠時間と時間帯を守って生活しようとしていました。

○　自宅や学校で行っている明るさの調節、換気と自身の健康を結びつけるこ
　　とができました。

○　自分の1日の生活を振り返り、ゲームの時間が長いこと、運動の時間が短
　　いことを課題に挙げることができました。

△　健康に過ごすために運動が重要なことは理解していましたが、自分の生活
　　を見直し、運動を取り入れることには消極的な姿が見られました。そのため、
　　1日の運動時間を少しずつ増やしていくよう声をかけました。

△　心の調子が優れない時の体の調子、体の調子がよい時の心の調子などを
　　一緒に考え、心と体の調子と健康がつながっていることに目を向けられるよ
　　う指導しました。

教科
体育

保健〈4年〉

2 体の発育・発達

〔知識・技能〕 評価のチェックポイント

- ●思春期には男女の特徴が現れる体つきの変化が起こること、初経、精通、変声、発毛が起こり、異性への関心も芽生えることを理解しているか？
- ●個人差はあるものの体は年齢によって変化し、よりよく発育・発達させるためには運動、食事、休養及び睡眠が必要であることを理解しているか？

◎ 小学校入学から今までの身長、体重の変化をもとに、数値上の変化だけでなく、体つきの変化や周りの友達に対する見方や考え方も変化していることを理解することができました。

◎ 体をよりよく発育・発達させるための食事に関心をもち、たんぱく質、カルシウム、ビタミンなど栄養素についての理解を深めることができました。

○ これまでの身長、体重の変化から、年齢に伴って体が発育・発達していることを理解することができました。

○ 運動、食事、休養及び睡眠によって体が発育・発達することを理解することができました。

△ 年齢に伴う体の発育・発達が理解できるよう、小学校入学から、今までの身長、体重の変化を一緒に確認しながら指導しました。

△ 体のよりよい発育・発達のためには、多くの食品を摂取するバランスのとれた食事が必要であることを指導しました。

●体のよりよい発育・発達を促す、運動、食事、休養及び睡眠などといった視点から自分の生活を見直し、適切な生活を考えているか？

●体の発育・発達、思春期の体の変化などについて、自己の体の発育・発達と結び付けて考えているか？

◎　運動、食事、休養及び睡眠など、学習した視点から自分の生活を振り返り、体をよりよく発育・発達させる過ごし方を考え、発表することができました。

◎　食事に注目し、体のよりよい発育・発達に必要なたんぱく質、カルシウム、ビタミンをバランスよく摂取することができるメニューを考え、発表することができました。

○　体の発育・発達と生活の仕方につながりがあることに気づき、それをきっかけに自分の生活を見直すことができました。

○　これまでの身長、体重の変化から自己の体の発育・発達を実感し、これから起こる自分の体の変化について考えることができました。

△　運動、食事、休養及び睡眠の視点を提示し、それぞれの視点から自分の生活を振り返り、改善した方がよいところはないか声をかけながら指導しました。

△　生活の中から睡眠時間を取り上げ、体の発育・発達に必要な睡眠時間を確保するためには、どの時間を減らしたらよいか一緒に考え、指導しました。

教科
体育

●体の発育・発達、思春期の体の変化、体をよりよく発育・発達させるための
　生活を自身の発育・発達と結びつけてとらえようとしているか？

◎　体の発育・発達、思春期の体の変化には個人差があることを受け止め、
　　そこに悩むのでなく、受け入れていくこと、周りも理解することが大切だと
　　いう考えをもって学習することができました。

◎　体をよりよく発育させるために必要な睡眠時間と眠るべき時間帯を調べると
　　ともに、栄養バランスがとれた食事を考え、発表することができました。

○　思春期の体の変化を学習し、これから自分に起こる心と体の変化は、大人
　　の体に近づくものだと受け止めることができました。

○　栄養素に興味をもち、これからの成長のために必要な栄養素とそれが含ま
　　れる食品を進んで調べることができました。

△　思春期の体の変化を恥ずかしいものではなく、大人の体に近づく成長の過
　　程として受け止めるために、誰にでも起こること、生命をつなぐために必要
　　な変化であることを指導しました。

△　食材カードを提示し、よく食べているもの、あまり食べていないものを一緒
　　に考え、バランスのよい食事について関心がもてるよう指導しました。

Ⅳ章

特別の教科 道徳
〈子どもの様子別〉

A 主として自分自身に関すること
B 主として人との関わりに関すること
C 主として集団や社会との関わりに
  関すること
D 主として生命や自然、崇高なもの
  との関わりに関すること

特別の教科　道徳

道徳の評価について

　通知表を手にした子どもと保護者が、笑顔になれる文面を目指したいものです。つまり◎のものを書くこととし、△は必要ありません。また基本的に、専門用語（道徳用語）は、使用しないほうがよいでしょう。保護者や子どもに伝わりにくいと思われます。

　道徳の評価は「魚つり」と考えてみましょう。年間、35匹釣り上げたならば、その内の1匹のよいものの魚拓をとるイメージです。「大くくりな評価」を気軽にとらえてみましょう。

4つのポイント

①児童の学習状況や道徳性に係る成長の様子が見えるところ。
②価値の理解を自分自身との関わりの中で深めていることが分かるところ。
③成長を積極的に受け止め、認め、励ます、個人に対する内容にする。
　→よって、数値による評価はしない。◎の部分を積極的に書く。△は書かない。
④特に顕著に見られる具体的な状況を記述する。

道徳ノート・ワークシートに書く視点

例）こんなことがあったよ（経験）
　　分かったこと、感じたこと（どこから分かったのか、友達の発言? 資料?）
　　こうしていきたいな、こうなりたいな（よりよい明日、よりよい自分を目指して）

決意表明とはしない

①自分を振り返る
②気づく
③こうなりたい　というパターンでは評価できません。

書くことのよさ

振り返り
積み重ね→次に生かす→学び方を教える
共感的なコメントを紹介する。

評価の書き方

□学期や年間を通した「大くくりなまとまり」の中での見取りを行った内容。

□一面的な見方から、より多面的・多角的な見方へと発展していったことや、道徳的価値を自分自身との関わりの中で深めている部分（授業で特化した言動など）などの内容。

基本パターン

　「（教材名）」の学習では、「（中心発問：［例］だれが一番親切なのか）」について考えました。
　「…………」と発言し（ノートにまとめ）、以前まで抱いていた「…………価値（例）思いやり・友情など」に対する見方を（深め・広げ・もつ・考える〜）ことができました。

教材名を入れないパターンでいくと…

　道徳の授業で○○（内容項目や主題名）について考えました。始め□□（導入での考え）と考えていましたが、△△（発問や課題）を通して●●（子どもの発言やノートの記述から）であることに気づきました（●●という思いをもちました）。

　○○（内容項目や主題名）に関する学習では、△△（発問や課題）を通して●●（子どもの発言やノートの記述から）であることに気づきました。◆◆（子どもの発言やノートの記述から）という思いをもちました。

授業中の発言や、ノート、ワークシートに書かれたその子なりの言葉を評価に入れてあげるとよいと思います。

評価は、子どもの姿を思い浮かべながら書くものです。文章を読む中でその子のよさが思い浮かび、ちょっと笑みがこぼれるものを目指したいものです。

本書の文例は、担任として受けもつ子どもの道徳ノートをもとにして作成していることから、ややつたない文章になったと感じるものもありますが、そのまま通知表に記入したものが多数あり、あえてそのまま文例にしています。

また教材名をあえてそのまま載せている文例もあります。各自治体の使用している教科書とは違うこともあろうかと思います。あくまでも参考になればと思い、教材名を載せました。道徳的価値は変わらないので、教材名があった方が各自治体の教科書に合ったものに置き換えやすいのではないかと思います。

前おきに書くなら…

○いつも教材にどっぷりと入り込んで、自分の経験と合わせながら考える姿が見られました。

○教材文の登場人物に自分を重ね、ねらいとする道徳的価値について新たな発見や気づきを感じながら、学習に参加していました。

○授業内において、新しく広げ深められた価値の世界に対して、自分はどう考え、どう評価するのかを問い続け、道徳的価値や人間としての生き方の自覚を深めることができました。

○道徳の時間に大切にしている「学び合い」を学級のみんなとともに進めながら、道徳的価値への理解が深められるように取り組んでいました。

○教材文を通して考えたことや感じたことを積極的に話したり書いたりし、ねらいとする道徳的価値について考えを深めることができました。

○登場人物を自分に置き換えて、ねらいとする道徳的価値を深く理解しています。相手のことを考えてとるべき行動を選び、友達と話し合うことで、より確かな考えとして深めることができました。

留意しておきたいこと

・～していました。→「学習活動の様子」として伝わりやすいですが、子どもと保護者には悲しく映るかもしれません。

・～できました。→「道徳性に係る成長の様子」ととらえられると思います。「～していました」よりも、「～できました」の方が読む側にとっては、うれしいと思われます。

・「知る」という言葉は、知識・理解のことを表すことが多いようです。道徳的ではないと思われます。よって「知る」よりも、「気づく」「分かる」の方が望ましい表現と言えるでしょう。「知る」「気づく」「分かる」は、意味の異なる言葉ですので、使い分けましょう。

・教師が意識して使っている「多面的・多角的…」は、保護者に伝わりづらい言葉です。かみくだいて、子どものよさが伝わる文面を目指しましょう。

ここからは内容項目ごとに、文例を示していきます。

特別の教科　道徳

A　主として自分自身に関すること

A-1　善悪の判断、自律、自由と責任

- 「掃除当番を遊ぶ前にしっかり行った」という自らの経験と重ねながら自分なりの考えをもち、「何が正しいかをよく考えて、自分の行動に責任をもちたい」という思いをもつことができました。

- 「よわむし太郎」の学習では、「上級生に交通ルールを守るよう注意した」という自分の経験を生かして、勇気をもって行動をしようとする思いをもつことができました。

- 「善悪の判断」について考えた授業では、自分がよかれと思ってとった行動でも、相手や周りにとってはよくないこともあるということに気づきました。自分の思いだけではなく、「相手や周りのことを考えて判断していきたい」という思いをもつことができました。

A-2　正直、誠実

- 「まどガラスと魚」の学習では、主人公が悩みながらも正直に謝る姿を通して、自分自身に正直であることの大切さに気づきました。そして、「弱い心に勝って正直でいたい」という思いをもつことができました。

A-3　節度、節制

- 「遅刻をすることで人を待たせて、迷惑をかけたことがある」という経験から、主人公と自分自身を重ね合わせて考えることができました。

- 「節度・節制」に関わる学習では、鉛筆1本がつくられるまでに時間やお金、人々の思いが詰まっていることを知りました。また、鉛筆だけではなく、全ての物に時間やお金、思いが詰まっていることに気づき、物を大切にしていこうという思いをもちました。

A-4　個性の伸長

● よいところを伸ばすにはどうしたらよいだろうと話合いを通して考えを深め、改めて「ピアノが大好きだから、いつかはプロのピアニストになりたい」という強い思いを抱くことができました。

● 道徳の授業で「特徴を生かす」ことについて学習しました。夢を叶えるためには、自分の特徴を知ることが大切だと気づきました。そして、得意なことをもっとみがき、夢に近づいていきたいという思いをもちました。

A-5　希望と勇気、努力と強い意志

● 「きっとできる」の学習では、金メダリストの高橋尚子さんの経験から、夢に向かって粘り強く努力することの大切さや難しさを考えていました。大きな目標達成のためには、小さな目標を積み重ねることが大切だと気づくことができました。

● なぜ主人公は最後までがんばれたのかみんなで考えました。自分から進んで立てた目標が大事だということに気づき、好きなことからでいいから目標を立ててがんばっていきたいという思いをもちました。

B　主として人との関わりに関すること

B-7　親切、思いやり

● 「心と心のあく手」の学習では、「本当の親切」について話し合いました。行動がともなうことが親切だと思っていましたが、友達の話を聞きながら、「行動がなくても『見守る』という親切もあるんだなあ」と考えを深めることができました。

● 道徳の学習では、自分の経験と照らし合わせながら親切について考えていま

した。また、親切にすると相手も自分も気持ちがよくなることに気づき、「困っている人がいたら親切にしてあげよう」という思いをもちました。

●道徳の授業を通して、相手の気持ちを考えることが親切の始まりだということに気づくことができました。友達だけでなく、「下学年のことも考えながら行動していきたい」という思いをもちました。

●道徳の授業で「親切」について学習をしました。相手の気持ちを考えて行動するよさに気づき、自分もそのように行動していきたいという意欲をもちました。

B-8 感謝

●家族は自分自身のことは後にして、子どもの成長を願い、生活面や心理面で支えてくれ、またそのことに生きがいをもっていることに気づき、改めて感謝の気持ちをもつ姿が見られました。

●道徳で、「感謝」について考えました。教材に出てくる主人公がなぜ「ありがとう」と言ったのかを考えることを通して、たくさんの人の支えの中で生かされている自分がいることに気づきました。自分の周りにはたくさん「ありがとう」を伝えたい人がいるから、もっと感謝を素直に伝えていきたいという思いをもちました。

B-9 礼儀

●今まで以上にあいさつに力を入れようという思いから、話合いに積極的に参加しました。さらに「目上の人には言葉遣いも上手に使い分けたい」という発言は、みんなの共感を得ることができました。

●「生きた礼儀」では、礼儀正しくするということは、相手に対してまごころをもって接することになるのではないかと考えました。そして「自分が大人になっても、礼儀を一番大切にしたい」という気持ちをもつことができました。

●「礼儀」に関わる学習では、教材に出てくる登場人物は礼儀正しいと言えるの

かについて考えました。「相手のことを思って行う行動は礼儀正しいと思う」と発言し、礼儀とは目に見える行動の正しさだけではなく、相手を思う心が一緒にならないと礼儀正しいとは言えないと、自分なりの考えをまとめることができました。

B-10　友情、信頼

●「泣いた赤鬼」の学習では、「どうして赤鬼は泣いたのか」という問いに対し、主人公の変容を比較しながら話合いを深めました。友達の心に寄り添う素晴らしさに気づき、ノートにこれからの目標を具体的に書くことができました。

●「友達」についての学習では、どうしたらもっと友達と仲よくなれるのかについて考えました。「貝がら」の教材を通して、相手のことを理解しようとすることが大事だと気づきました。また、一方的ではなく、お互いに相手の気持ちに寄り添いながら助け合える友達をつくっていきたいという思いをもちました。

B-11　相互理解、寛容

●教材に出てくる登場人物がなぜ仲よく遊べなかったのかを考えました。自分の気持ちを相手に伝わるように言うことの大切さや、相手の気持ちもしっかり聞いてあげることの大切さについて理解していました。「いろいろな気持ちを大切にしていきたい」という思いをもちました。

特別の教科
道徳

C　主として集団や社会との関わりに関すること

C-12　規則の尊重

●学校のきまりとともに、社会の約束やきまりにはどのようなものがあるのかと考えを広げました。交通やごみの分別、図書館を利用する際に約束やきまりがあるということに気づくことができました。

●「雨のバス停留所で」の学習では、登場人物を客観的に見ながら「自分だったら…」と考えをもつことができました。ルールはなぜあるのかという問いに対し、「みんなが気持ちよく過ごすため」と堂々と発言する姿勢が素晴らしかったです。

C-13　公正、公平、社会正義

●「お別れサッカー大会」の学習では、公正、公平について考えました。正しいことを主張することに対する葛藤など、経験を交えた発言から、議論を深めていくことができました。

●病気を抱えた主人公の生き方についてみんなで考えました。「差別や偏見はその人を正しく理解していないことから始まる」と発言するなど、公正・公平について真剣に考えました。授業後には「みんな同じということを忘れず、すべての人に思いやりの心をもっていたい」という思いをもちました。

C-14　勤労、公共の精神

●普段がんばっている家の手伝いを振り返りながら、学校のみならず、地域でのボランティア活動をやってみたいという思いをもつことができました。

●「仕事」について考えた学習では、始めは「ご褒美がもらえるから仕事をがんばる」と発言していた○○さんでしたが、教材に出てくる主人公がなぜ仕事をがんばることができたのかを考えることを通して、がんばって働くと周りが喜んでくれる、周りが喜んでくれると自分もうれしい気持ちになることに気づきました。自分が任された仕事も、みんなのためにがんばりたいという思いをもつことができました。

C-15　家族愛、家庭生活の充実

●休まずに働き続けている家族の素晴らしさに気づき、自分も家族のために働きたいという思いをもち、日々のお手伝いを見直すことができました。

●「ブラッドレーの請求書」の学習では、「主人公はなぜ泣いたのか」という問いに対して話合いを深めました。母の自分に対する無償の愛に気づき、後悔している心に気づいた発言がみんなの共感を得ることができました。

●「お父さんのくつ」の学習では、お父さんのくつは汚いが、それだけ自分たちのために働いてくれているということに気づきました。授業後、自ら進んで家族の仕事道具を観察し、「お父さんお母さんが自分のためにがんばってくれていることが分かった」と日記に書いていました。

C-16　よりよい学校生活、集団生活の充実

●自分の学校には、どんな自慢できることがあるかを考えました。たくさん自慢できることに気づき、もっと自慢できることを増やすために、みんなで考えて行動していきたいという思いをもちました。

●友達と互いに関わり、ともに成長した経験を話し合う中で、体育のボール運動のことを振り返っていました。「優勝できたのは、みんなのおかげだ」と改めて喜びを感じることができました。

C-17　伝統と文化の尊重、国や郷土を愛する態度

※中学年は、有形＋無形なものに焦点（感謝、尊敬の心、願い等）を当てることになります。

●授業で学んだことをもとにして、近所にある神社のお祭りは、農作物の収穫に感謝していることを再確認しました。改めて郷土に感謝と尊敬の気持ちをもち、ますますふるさとを愛していきたいという気持ちをもつことができました。

●日本に伝わる伝統や文化のよさについて考えました。教材に描かれている伝統的な行事と、自分の地域で行われている伝統的な行事とを比べながら考えていました。地域や行事の内容が違ってもその地域ごとの思いや考えがたくさん詰まっていることに気づきました。「長く続いている行事をこれからも大切にしていきたい」という思いをもちました。

C-18　国際理解、国際親善

※中・高学年は、有形＋無形なものに焦点を当てます。違いを正しく理解し、人間としての調和の心を共通してもつ点を理解することが大切です。

●他国の文化の素晴らしさに気づくとともに、日本との価値観の違いを感じ取る中で、「まずは自分の国のことをしっかりと学びたい」という思いをもつことができました。

●「国際親善」に関わる学習では、国際化の中でどのように他国の人々と関わっていくとよいかについて考えました。「まずはそれぞれの国の文化を知ることが大切だ」と発言するなど、自分から積極的に理解し合っていこうとするよさについて考えることができました。

D　主として生命や自然、崇高なものとの関わりに関すること

D-19　生命の尊さ

●「500人からもらった命」の学習では、「輸血をした人だけが命を助けたのではない」という発言から、議論を深めていくきっかけをつくりました。「命を救うために自分にできることは何だろう」と、ノートを通して考えを広げていくことができました。

●道徳で命について学び、命はたくさんの人に支えられているということに気づきました。支えてもらっている命を最後まで大切にしていこうという思いをもつことができました。

●道徳の学習で、命の大切さについて考えました。お父さん・お母さん・おじいちゃん・おばあちゃんがいなかったら自分の命はなかったということに気づき、つながってきた命を大切にしようという思いをもちました。

D-20　自然愛護　※中・高学年は、すべての自然が対象となります。

●「自然愛護」に関わる学習では、自然を見て、不思議と思ったり、すごいと思ったりすることをみんなで話し合いました。知らなかった不思議やすごいことがたくさんあり、もっと調べてみたいという思いをもつと同時に、すごい自然を守りたいという思いももちました。

●道徳で、「自然を守る」ことについて考えました。高山植物は普通の植物とは違って長い年月をかけて少しずつ成長していることを知り、「壊すことは簡単だけど、元に戻すことは難しい」ということに気づきました。授業の振り返りには、「小さな植物も大切にしていきたい」という思いを書いていました。

D-21　感動、畏敬の念

●「10才のプレゼント」の学習では、高価なプレゼントより、一瞬しか見られない山の景色の方がうれしいと感じたのはなぜかについて考えました。美しいものを見ると感動する心が生まれることに気づき、それはお金には変えられないものであることにも気づくことができました。

特別の教科

道徳

これはやめよう！　NGワード

△「～に感じました」

　→指導者の感想、本当にその子がそうなったかは分からないため。

△「努力する気持ちを大切にしてください」

　→指導者の期待であり、その子の成長を見取ったとは言えません。

その後の成長の様子を追いかけて、所見として記述することも大切

○道徳的価値について自分との関わりで考えることができるようになりました。

○自らを振り返り、成長を実感できるようになりました。

○これからの課題や目標を見つけることができました。

○掃除の時間では、「一生懸命働くことの大切さ」で学んだことを生かしながら、
　「掃除はなぜ必要なのか」を下学年に伝えながら活動することができました。

※道徳の授業でない部分は、「行動の記録」に書くことになります。

V 章

外国語活動
〈子どもの様子別〉

ア 主体的に
コミュニケーションを図ることの
楽しさや大切さを知ること

イ 日本と外国の言語や
文化について理解すること

(1) 聞くこと

(2) 話すこと（やり取り）

(3) 話すこと（発表）

(4) (1)〜(3)を通して

外国語活動

指導要録の観点とその趣旨	
観点	趣旨
❶知識・技能	●外国語を通して、言語や文化について体験的に理解を深めている。 ●日本語と外国語の音声の違い等に気付いている。 ●外国語の音声や基本的な表現に慣れ親しんでいる。
❷思考・判断・表現	●身近で簡単な事柄について、外国語で聞いたり話したりして自分の考えや気持ちなどを伝え合っている。
❸主体的に学習に取り組む態度	●外国語を通して、言語やその背景にある文化に対する理解を深め、相手に配慮しながら、主体的に外国語を用いてコミュニケーションを図ろうとしている。

〔知識・技能〕　　　　　　　　　　　　　　評価のチェックポイント

ア　主体的にコミュニケーションを図ること の楽しさや大切さを知ること

●言語を使って伝え合う体験を通して、相手に対する理解を深めたり、自分の思いを伝えたりしているか？　さらに、外国語で伝え合えた満足感や達成感、相手と分かり合えるよさを味わっているか？

●インタビュー活動では、多くの友達に積極的に話かけていました。友達の新たな一面を知り、英語でやり取りする楽しさを感じていました。

●意欲的に活動に取り組み、自分と同じ物が好きな友達を10人も見つけていました。

●「好きな物なんでもバスケット」では、進んで活動に参加し、"I like 〜 ."や色・動物の言い方に慣れ親しみました。

●「What do you want？」では、これまでに学んだ食材の言い方や"Do you have a 〜？""How many？"" 〜 , please."などの表現を使い、欲しい食材を尋ねたり、要求したりして、野菜たっぷりのオリジナルピザをつくることができました。

〔知識・技能〕　　　　　　　　　　　　　　　　評価のチェックポイント

イ 日本と外国の言語や文化について 理解すること

●外国語の音声やリズムなどに慣れ親しんだり、日本語との違いを知ったりすることを通して、言葉の面白さや豊かさに気づいているか？

●日本と外国との生活や習慣、行事などの違いを知り、様々な考え方があることに気づいているか？

●異なる文化をもつ人々との交流などを体験し、文化等に対する理解を深めているか？

●歌やゲームを通して、食べ物の言い方に慣れ親しみました。ハンバーガーやスパゲッティのような外来語は、ALTの発音をよく聞いて、そのとおりに言おうと努めていました。

●身の回りのアルファベットを探す活動では、文房具や洋服などからたくさん見つけ、クラスの学習をリードしていました。

●世界の数の言い方に興味をもっていました。中国語と韓国語の「3」の言い方が日本語と似ていることや、習っているバレエの数の言い方はフランス語であることに気づき、うれしそうでした。

●世界の子どもたちがかく虹の絵を見て様々な表し方があることを知り、「どの虹も素敵だね」と、そのよさに気づいていました。

●他国のあいさつを交わす映像を見て、世界には様々なあいさつの仕方があることに気づきました。

外国語活動

215

●「Hello, world！」では、日本語と同じように、英語も時刻によってあいさつの言葉が変わることに気づきました。5時間目の学習時には、「Good afternoon！」とALTに元気にあいさつしていました。

●「Let's play cards.」では、世界の様々な国の遊びの映像を視聴し、自分たちの遊びとの共通点や相違点に気づきました。

●「What time is it？」では、世界には時差があることに気づきました。また、「午前中ってa.m. ってつけるんだね」と、午前と午後の時刻の言い方も理解していました。

●「Do you have a pen？」では、身の回りの文房具の言い方を理解しました。リズムに合わせて"Do you have a/ an ~？""Yes, I do./ No, I don't."と言い、文房具をもっているか尋ねたり答えたりする表現にも慣れ親しみました。

●「Alphabet」では、ABC songが流れるとすぐにテキストを開き、紙面の小文字を指で押さえながら歌っていました。カラオケバージョンでも、小文字を指しながら正しく発音していました。

●学区内にあるお店の写真を見て、身の回りにはアルファベットの大文字・小文字がたくさんあることに気づきました。大文字と小文字を比べて、「小さくしただけのものと、形が全然違うものとがある」と発表しました。

（1）聞くこと

- ●短い話を聞いて、おおよその内容を把握しているか？

- ●簡単な語句や基本的な表現を聞いて、それらを表すイラストや写真などと結びつけているか？

- ●文字の発音を聞いて、活字体で書かれた文字と結びつけているか？

●絵本の読み聞かせでは、「次は〜が出てくるんじゃないかな」と、興味をもって聞いていました。読み終えた後の教師の質問にも積極的に答え、話の内容をよく理解していました。

●ポインティングゲームでは、four、five、fourteen、fifteenなど最初の発音が同じ単語に気をつけながら、ALTの発音をよく聞き、素早く数字を指差していました。

●「12以上の数の言い方が難しいから、分かるようになりたい」と振り返りに書いていました。ALTの発音をよく聞いて何度も声に出したり、ランダムに言われた数字を指差したりする活動に、前向きに取り組みました。

●アルファベットカルタが得意で、活躍しました。友達に「BとVは似ているから気をつけた方がいいよ」とアドバイスしている姿も見られました。

●ALTの話す内容を聞き取り、テキストの登場人物の名前や好きなものなど、分かったことをたくさん書いていました。

●「Let's play cards.」では、音声を聞き、天気とその天気に応じた衣類のイラストを線で結ぶことができました。

●「Do you have a pen？」の筆箱の中身紹介の活動では、ALTが話す文房具とその数を正しく聞き取り、誰の筆箱か当てることができました。

外国語活動

●「Do you have a pen？」の文房具セットをつくろうの活動では、ペアの友達が伝えた文房具を聞き取り、同じ文房具セットになるように絵カードを選ぶことができました。

●紙面の校内地図を使った道案内の活動では、ALTの話す指示を聞きながら、指で校内地図の通路をなぞっていました。どこの教室に行きつくかを正しく当てることができました。

●ALTが絵本を読んだ際、「ぼくと大体同じことをしているなぁ」とつぶやきながら聞くなど、絵本の内容を考えていました。

〔思考・判断・表現〕　　　　　　　　　　　　　　評価のチェックポイント

（2）話すこと（やり取り）

●知り合いと簡単なあいさつ、感謝や簡単な指示、依頼をしたり、それらに応じたりしているか？

●動作を交えながら、好みや要求など自分の考えや気持ちを伝え合っているか？

●互いの好みや欲しい物などについて、簡単な質問をしたり答えたりしているか？

●ジェスチャーゲームを通して、ジェスチャーや表情の大切さに気づきました。インタビュー活動をした際は、"How are you？"の答え方についてオリジナルのジェスチャーを考え、友達に自分の気持ちが伝わるよう工夫していました。

●好きな物○×クイズの活動では、「○○さんは〜が好きだと思う」と予想を立て、Do you like 〜?のやり取りを楽しんでいました。予想が当たった時のガッツポーズが印象的でした。

●アルファベットカード集めでは、MとN、GとZなど、相手が聞き間違えそうなところをゆっくり、はっきりと発音するよう気をつけていました。

●友達とカードを交換する時に、"Here you are.""Nice.""Oh,no."などその場に

合った反応をすぐに返していました。手本としてみんなに紹介すると、友達とのやり取りが一層楽しくなり、活動が盛り上がりました。

●「Hello, world」では、友達に自分の好きなものを好きかどうか尋ねたり、友達の話に相づちをうちながら聞いたりすることができました。

●「Let's play cards.」では、学級のみんなでドッジボールをして遊びたいと考え、"Let's play dodgeball."とペアになった友達を誘っていました。

●「I like Mondays.」では、好きな曜日を尋ね合い、同じ曜日が好きな友達を見つけると、"Me, too."と笑顔で返していました。

●「What time is it ?」では、自分の好きな時刻とその理由をペアの友達に伝えることができました。

●「What time is it ?」の好きな時刻とその理由を伝え合う活動では、友達の話に"Really ?"と返すなど、コミュニケーションを楽しんでいました。

●「Alphabet」の看板当てクイズでは、ペアの友達と"Do you have a "e" ?" "Yes, I do."など、看板に書かれているアルファベットを尋ね合うやりとりを通して、見事に友達がどの看板を選んだかを当てました。

●「Alphabet」の色当てクイズでは、"Do you have a "p" ?"と進んで尋ね、分かった時には、"I know ！"と笑顔で話していました。

●「This is my favorite place.」では、"Do you like the music room ?"と友達にインタビューし、好きな友達がいると、"Why ?"と理由も尋ねていました。「私たち同じ理由だった！」と2人で笑顔いっぱいに報告していました。

外国語活動

219

（3）話すこと（発表）

> ●人前で実物やイラスト、写真などを見せながら、自分の考えや気持ちなどを話しているか？

●自己紹介をする活動では、これまでに学習した動物、色、スポーツ、食べ物の中から好きな物を3つ言うと自分で決め、練習をしていました。「リスは何と言うのですか」とALTに質問し、忘れないようにメモをしていました。本番の発表は堂々としていて、練習の成果が表れていました。

●自己紹介で好きな色と嫌いな色を発表する際、自分の着ている服を指差したり、折り紙を見せたりしていました。聞いている人がよく分かるよう工夫できていて、感心しました。

●3ヒントクイズでは、"It's a fruit." "It's a yellow."のように、3つめまでヒントを聞かないと答えが1つに決まらないよう、ヒントを出す順番にもこだわっていました。友達も「一体何だろう」と、最後まで興味をもって聞いていました。

●「Do you have a pen ?」では、絵をかくことが好きな友達のためにつくった文房具セットをみんなの前で紹介することができました。

●「What do you want ?」では、具材カードを集めてつくったオリジナルピザをグループの友達に紹介する活動を行いました。グループの友達がどんな野菜がのせられているのかワクワクしながら紹介を聞けるようにと、つくったピザに「野菜たっぷりヘルシーピザ」と名前を付ける工夫をしていて素晴らしかったです。

●「This is my day.」では、自分の1日の過ごし方の絵本をつくり、みんなに紹介しました。絵だけではなく、ジェスチャーや表情もつけた分かりやすい発表となり、友達からも称賛されました。

（1）～（3）を通して

- ●進んで言語や文化に対する理解を深めようとしているか？
- ●相手意識をもって、主体的に外国語を用いてコミュニケーションを図ろうとしているか？
- ●自分の学びについて目標や見通しをもって学習に取り組んでいるか？

●「水色や黄緑色は、英語でどう言うのだろう」と疑問をもち、家庭学習で調べてくる積極さがありました。その中で、「藤色」や「山吹色」など、日本ならではの色の表し方があることにも気づき、文化の違いに対する理解を深めていました。

●やりとりの仕方をクラス全体に伝える際に、「Any volunteers?」と教師の相手役を募ると、「Yes！」といつも率先して手を挙げるなど、外国語活動に意欲的に取り組んでいます。

●友達の発表を聞いて、分かりやすい発表にするためには、ただ原稿を読むのではなく聞き手の目を見ながら発表するとよいことに気づきました。それを自分の発表に活かすことができ、相手に伝えようとする意欲的な姿が立派でした。

●単元の最後に「クイズ大会」を行うことを伝えると、「大好きな昆虫のクイズをつくる」と自分のめあてを考えました。言い方がよく分からない言葉を質問したり、ジェスチャーをつけたりして、聞き手が楽しめるクイズを粘り強くつくっていました。

●振り返りカードに、「もっと上手に話せるようになりたい」という記述がありました。そのために、繰り返しの練習に一生懸命に取り組み、本番では自信をもって堂々と発表することができました。地道な努力を積み重ねたことに、大きな拍手を贈りたいです。

外国語活動

VI 章

総合的な学習の時間
〈子どもの様子別〉

総合的な学習の時間
〈子どもの様子別〉

指導要録の観点とその趣旨	
観点	趣旨
❶知識・技能	●探究的な学習の過程において、課題の解決に必要な知識や技能を身に付け、課題に関わる概念を形成し、探究的な学習のよさを理解している。
❷思考・判断・表現	●実社会や実生活の中から問いを見いだし、自分で課題を立て、情報を集め、整理・分析して、まとめ・表現している。
❸主体的に学習に取り組む態度	●探究的な学習に主体的・協働的に取り組もうとしているとともに、互いのよさを生かしながら、積極的に社会に参画しようとしている。

1 課題設定の能力

課題設定の場面で自らのアイデアを積極的に発言した子

「自分のまちの環境を守ろう」の課題を決める話合いでは、自分が考える課題を進んで発言し、みんなに伝えることができました。「○○を守りたい！」というイメージを、しっかりもっていたことが友達にしっかりと伝わりました。

学校の周りの河川に目を向け、地域の生物や植物を調べようと、みんなに提案していました。

様々なアイデアを聞きながら、よりよいものにしていこうと考えた子

○○の話合いでは、みんなの意見を聞きながら、何人かの意見をまとめたり、

友達の意見につけ足したりして、よりよい方向を目指した発言を積極的に重ねました。

グループ学習では友達の意見を聞きながら、いろいろなアイデアを合わせてさらによい取組にできないかと、一生懸命考える姿がありました。

友達の考えを聞きながら自分なりの課題を設定した子

町をきれいにするための話合いでは、友達の意見を熱心に聞き、それを土台にして課題に対する自分なりの考えをきちんともつことができました。

友達が本で調べた内容やインターネットでの資料をもとに、「地域で受け継がれている遊びを伝えよう」という考えをもつことができました。

提示された課題の中から自分の考えで課題を選択できた子

ゲストティーチャーを交えた話合いで出されたいくつかの課題の中から、自分がよいと思うものを選び、その理由もきちんと話すことができました。

学習の見通しや、問題となりそうな点をそれぞれの立場の人から聞き、解決すべき課題を○○と決めることができました。

他者のアドバイスで自分なりの課題を設定した子

「○○川を守ろう」の話合いでは、友達の意見をまじめに聞きながら、課題を何にしたらよいか、一生懸命考えていました。そして、グループの仲間と話し合いながら、自分なりの考えをもつことができました。

友達から料理の楽しさを聞いて、オリジナルカレーづくりにチャレンジしようという課題をもつことができました。

2 課題解決の能力

課題に対して継続的に調査などの活動をした子

美しい川を守るという課題に向けて、地域の人にインタビューしたり、タブレット端末を使ってインターネットの情報を収集したりして、進んで活動することができました。課題に対して、粘り強く解決しようとする態度が立派です。

○○山に何度も出かけ、長期間にわたり、鳥や虫や植物の変化を調べ、環境保護のための情報を収集することができました。

調査したことなどを意欲的にまとめた子

高齢者福祉施設について調べたことを積極的にまとめることができました。みんなに分かりやすく伝えるために、イラストやグラフなども活用し、まとめ方をいろいろ工夫していたところが素晴らしかったです。

地域の環境について調べたことを校内の情報コーナーに貼り、みんなに知らせることができました。環境の変化をひと目で分かるようにまとめていたところが素晴らしかったです。

課題解決の道筋を考え、実行した子

障害のある方との交流を成功させるという課題に向けて、その解決方法を自分なりに考え、実行することができました。集めた情報をしっかりと整理・分析をすることができるので、どのようにしたら課題が解決できるか、見通しをもって活動しています。

小動物を飼育するために、近くのスーパーマーケットや八百屋さんに出かけ、野菜くずを年間を通してもらえるか聞き、係を決めて取りに行くことができました。

調査活動に工夫が見られた子

「自分のまちを有名にしよう」という課題に向けて、工夫して活動することができました。地域の人に実際に話を聞いたり、新聞や雑誌、インターネットで情報を集めたりするなど、調べる内容に合わせて適切な解決方法を選ぶ姿に感心させられました。

植物の成長する様子を観察カードに記録する際に、デジタルカメラを使い、写真でその成長を表していました。

友達と協力しながら調査活動を行った子

「○○踊りを守ろう」という課題では、友達と協力しながら積極的に活動することができました。地域の人へのインタビューや取材など、協力して学ぶことのよさを、活動の中で実感していました。

何人かの友達と協力しながら、地域の方々に昔の遊びについてインタビューに行き、調べた遊びについて「遊びコーナー」を設けることで生かすことができました。

3 情報処理・活用の能力

様々な方法で情報を集めた子

○○について、初めは図書室などの資料で調べていたのですが、それでは満足できずにタブレット端末で調べたり、友達にインタビューをしたりして情報を集め出しました。自ら課題を解決しようとする意欲にあふれています。

自分の課題を解決するために、図書館で情報を集めたり、電話や町に出てインタビューするなど、課題を計画的に調べることができました。

課題解決に必要な情報を集めようとした子

○○について、たくさんの図書資料を見つけ、まず目次や索引から自分の課題に合った項目を選び出していました。さらにそれらを比較しながら課題を解決しようとしていました。課題意識をしっかりもった活動となっています。

「みんなが住みやすいまちをつくろう」の学習では、点字ブロックや点字が使われているところを調べたり、福祉センターに出かけて話を聞いたりしていました。

集めた情報から課題に合った情報を選択した子

○○では、友達と一緒に集めた情報をお互いに報告し、その中から自分たちの発表にふさわしいグラフや写真を選んでいました。見る人、聞く人を引きつける発表となりそうです。

みんなで調べた町のごみに関する資料や、インターネットで検索した環境の情報の中から、自分の課題に1番合った情報を取り出して調べることができました。

情報の必要な部分を選び、分かりやすくまとめた子

選んだ写真やグラフを効果的に使い、課題について調べたことや考えたことを人に分かりやすくまとめることができました。友達からも「面白かった」「分かりやすかった」と称賛を浴び、満足そうでした。

「まちたんけん」のグループ活動で、インタビューをしたり観察をしたりして、町のいろいろな情報を得ることができました。そして、必要な内容を学習カードに整理してまとめることができました。

友達と情報を交換し合い、活用しようとした子

○○について調べたことを友達とお互いに情報交換をしながら、より詳しく調べ

ることができました。伝え合うことのよさや友達と力を合わせるよさを改めて知ることができました。

「町の点字さがし」の学習では、点字のある場所を地図に書き込む作業において、友達と情報を交換しながら活動していました。

4 コミュニケーション能力

様々な人と関わりながら課題を解決しようとした子

○○の活動では、友達や家族、また、他の学年の人にインタビューを行い、○○についての資料づくりを行いました。相手を思いやった聞き方や丁寧な話し方で気持ちよく取材をすることができました。

「そばづくり」体験では、農家の人に種まきやそば打ちの仕方を教えてもらうなど、地域の人々と積極的に関わることができました。

友達と話合いをしながら課題を解決しようとした子

友達と○○について調べたことをまとめる時に、自分の考えをはっきり述べるとともに、友達の考えも受け入れながらまとめについての話合いを行うことができました。よりよいものにしていくために意見を述べ合うことの大切さを理解していたようです。

グループで環境センターに出かけて行って話を聞き、そこでの情報をもとに新しい課題をつくり、グループの友達と話し合ってその課題を解決していました。

自分の思いや考え、疑問などを友達に伝えようとした子

○○の活動の際、○○について調べたことを友達に進んで報告していました。

その中で友達の情報を取り入れたり、新たな疑問を提示したりすることができました。一緒につくり上げようとする態度が立派でした。

福祉センターに行って話を聞いたり、車椅子バスケットボールの試合を見せてもらったりしました。その後、体験したことを表にまとめ、学級の友達にしっかりと発表していました。

ゲストティーチャーやボランティアの方々との交流を楽しんだ子

○○で招待したゲストティーチャーの△△さんと○○について真剣かつ、楽しそうに語り合うことができました。「楽しく、充実したひと時を過ごせました」と△△さんも喜んでいました。

「○○」の学習では、地域のお年寄りから○○の仕方を教えてもらいました。その後で自分たちがつくった○○をお年寄りと一緒に楽しく試食していました。

他学年の人に思いや考え、調べたことを分かりやすく伝えようとした子

学習発表会で「わたしたちの町○○」を発表した時に、グループの友達とパソコンを活用して自分たちの思いが伝わるように工夫していました。

「○○を○年生に伝えよう」の活動では、「○年生にはこう言った方がよい」「これを見せた方がよい」と相手のことを考えて準備や練習を行うことができました。○年生に伝える際にその成果を発揮し、とても満足していました。

5 学び方・考え方

> **課題解決の仕方をいろいろと考えながら**
> **よりよい解決法にたどり着いた子**

「○○をたくさんの人に伝えたい」という願いをもち、何度も失敗をしながらどうやったら多くの人に伝えられるかを模索していきました。インターネットのホームページで探し当てた方法がうまくいくことに気づき、友達と協力しながら工夫を重ねていきました。

「戦争体験」の劇をつくる過程で、空襲警報の具体的な音を知るために図書室の本やインターネットを使って調べていました。「やっぱり警報の音を実際に聞いた方に教えてもらうのが1番いいよ」と以前にインタビューしたお年寄りに聞くことを思いつき、実行していました。

> **提示された方法や友達の考えなどを参考にしながら**
> **課題解決を行った子**

○○づくりでは、友達が本やインターネットで調べてきた資料をもとに材料集めをし、どうやったらうまくいくかを考えることができました。

地域の伝統行事を調べるにはお年寄りにインタビューする方法があると聞いて、さっそくおじいちゃんに知りたいことを聞くことができました。やる気の表れだと思っています。

> **他の人の考えを受け入れながら**
> **自分の考えを広げたり、深めたりした子**

ボランティア活動の取組では、「ペットボトルキャップを集めよう」という友達の提案に賛同し、どうやって集めたらよいのか、集めたものをどこへもっていけばよいのかを、積極的に調べることができました。

当初は、自分だけの考えで学習を進めていましたが、チームを組んで活動を始めると友達の考えを受け入れながら学習することができるようになりました。「こんなやり方もあったんだ」と、驚きの表情で友達の考えを受け入れる姿に感心させられました。

自分なりの考え方をもち、課題解決に取り組んだ子

ボランティア活動の取組では、盲導犬について調べていくうちに、何とか自分も力になりたいという思いをもちました。本を読んだり、盲導犬と暮らしている人を訪ねたりして、自分ができることは何かを考えることができました。

「昔の人の生活はつらいことばっかりじゃなかったと思う」という自分の考えを確かめるために、何人かのお年寄りに楽しかったことやその頃の楽しみについてインタビューしました。当時の人々のささやかな楽しみについて掘り起こすことができました。

振り返りをもとに次の活動への見通しや意欲をもてた子

プラネタリウムづくりでは、初め何度やっても光源がつかず悩んでいました。そのうちにどこに問題があるかに気づき、問題を解決するためには何が必要かを考えながら活動することができました。

最初の発表が終わったあと、自分や友達のよかったことについて話し合い、満足していました。さらに工夫した発表にするためにこれから何をすればよいかと考え、すぐに取りかかることができました。

6 自己の生き方

振り返りから自分の考えや自分らしさに気づいた子

劇づくりでは、初めは照明係に立候補しました。しかし活動を進めていくうちに自分が物をつくることに向いていることに気づき、大道具係の仕事に変えることを決めました。

外国の人との触れ合いを通して自分たちの国、日本について自分はどう考えているのかと問いかけられ、改めて自分の国のよさに気づいている様子でした。

自分や自分の周りにある「人、もの、こと」との関わりの価値に気づいた子

地域にある歴史的な遺跡や建造物を訪ねる学習から、身の回りにある「古くから伝えられている物」に興味をもち、自分たちの生活との関わりや、先人の努力に気づくことができました。

昔のことを調べる活動を通して、現在の暮らしは昔の暮らしの上に成り立っているということに気づいていました。この気づきがこれからの生き方につながってくるとよいなと思います。

学習を通して考え方や行動に変容が見えた子

ボランティア活動から学んだことは大きかったようです。自分のことだけでなく友達に目を向けようと努力していました。さらに、自分から進んで募金活動に取り組むことができました。

今までは当たり前だと思っていた自分たちの生活が、昔の人の苦労によって成り立っているということにまで思いをめぐらせていました。物のなかった生活を思うと、物を大切にしようという思いがとても強くなり行動も変わってきています。

総合的な学習の時間

自分と異なる立場の人の生き方などから、
自分の生き方を振り返ることができた子

JICAの方の話から世界の恵まれない子どもたちのことを知り、今の自分の生活と比べていました。自分には何ができるだろうと考え、ボランティアの計画を立てることができました。

アジアに住む人の話を身近に聞いたり一緒に過ごしたりして外国の人の考え方を知るとともに、自分たちの国である日本についてもう一度考えることができたようです。

協力して活動したことを通して、互いに支え、
支えられていることに気づいた子

ボランティア活動の発表では、自分たち1人1人の力は小さいけれど、力を集めて活動すればできることがあると気づき、人がお互いに支え合っていくことの大切さを伝えることができました。

グループでの聞き取り調査を通して、全員で協力しないと学習が進まないことを感じ取っていました。インタビュー内容を考えたり、聞いたことをレポートにまとめたりする活動を通して、互いに支え合うことの大切さに気づいていました。

VII 章

特別活動
〈子どもの様子別〉

特別活動〈子どもの様子別〉

指導要録の観点とその趣旨	
観点	趣旨
❶知識・技能	●多様な他者と協働する様々な集団活動の意義や、活動を行う上で必要となることについて理解している。 ●自己の生活の充実・向上や自分らしい生き方の実現に必要となることについて理解している。 ●よりよい生活を築くための話合い活動の進め方、合意形成の図り方などの技能を身に付けている。
❷思考・判断・表現	●所属する様々な集団や自己の生活の充実・向上のため、問題を発見し、解決方法について考え、話し合い、合意形成を図ったり、意思決定をしたりして実践している。
❸主体的に学習に取り組む態度	●生活や社会、人間関係をよりよく築くために、自主的に自己の役割や責任を果たし、多様な他者と協働して実践しようとしている。 ●主体的に自己の生き方についての考えを深め、自己実現を図ろうとしている。

1 学級活動

話合いの準備に意欲的に取り組もうとしている子

計画委員会の準備や進め方の方針について学級生活をよりよくしていこうと、積極的に友達と協力して取り組んでいました。

話合いの議題について、学級活動ノートに自分の考えをまとめることができました。その議題により話合いが活発なものになりました。

話合いの場面で、自分の意見をしっかりもって参加していた子

学級活動の話合いでは、自分の意見をきちんともち、意欲的に発言することができました。順序立ててハキハキと話すことができるので、みんなも○○さんの考えをよく理解することができます。

係の活動についての話合いでは、みんなにしてほしいことを考え、きちんと伝えることができました。

できるだけ多くの人の発言を聞こうとしている子

学級活動の話合いでは、友達の意見を大変熱心に聞いていたのが素晴らしかったです。それぞれの意見のよさを取り入れて自分自身の考えがもてるよう、努力している姿が見られました。

学級会では司会になり、できるだけたくさんの人の意見を聞き、進めていました。○○さんのおかげでみんなが納得できる話合いになりました。

係の活動を工夫して楽しくできる子

「あそび係」として学級で遊ぶ計画を立て実施しました。アンケートをとって遊ぶ内容を決めたりルールを工夫したりしたので、全員が楽しむことができました。

お誕生日係としてお誕生日会の計画を工夫し、楽しい会を運営していました。「次は○○をやりたい」と次への意欲をもつことができました。

自分の係以外のことでも、困っている友達がいたら進んで手伝っている子

いろいろなことに目を向け、困っている子がいたら手助けしてあげようとする優しい気持ちをもっています。学習係が○○の準備や片づけで忙しかった時には、

進んで仕事を手伝ってくれていました。

掲示係が季節に合った飾りつけをする時に、一緒に手伝ってくれるなど、自分の仕事以外であっても進んで友達を助けてあげる○○さんの姿は素晴らしいです。

学級の集会では、進んで係の仕事を引き受け、次々とアイデアを出している子

○○さんのお別れ会の計画の話合いでは、寄せ書きのプレゼントをつくったり、楽しいゲームを考えたりするなど、素敵なアイデアをたくさん出してくれました。当日までの準備でも、プログラムづくりや飾りつけなど、積極的に活動することができました。

学級の集会や係活動で友達と協力して活動している子

明朗快活な性格の持ち主で、友達といつも楽しく話したり、遊んだりしています。その長所をいろいろな場面に生かしていて、クラスの集会なども、明るく楽しい雰囲気に盛り上げてくれました。

掲示係として、飾りなどを係の友達と協力し合ってつくり、それを掲示することができました。係の取組により、教室が楽しい雰囲気になりました。

2 児童会活動

他学年の人とも進んで友達になろうとしている子

たてわりグループでの活動では、同学年の子だけでなく高学年や低学年の子とも、仲よく楽しく活動することができました。「いろいろな学年の子と友達になれたよ」と、うれしそうに話しています。

集会委員会の計画した「全校仲よし集会」では、低学年の子とも積極的に仲よくしようと声をかけ、楽しそうにゲームをしている姿が印象的でした。

他学年の人の言うことをよく聞いて、楽しく活動できる子

たてわりグループの活動では、自分の意見を言うだけでなく、高学年の子の言うこともよく聞き、仲よく協力して活動することができました。

全校フェスティバルでは、高学年の人たちの言うことをよく聞いて準備をし、当日はゲームのルールを一生懸命説明していました。

代表委員会の議題について、全校のことを考えて意見を言うことができる子

代表委員会に出席して、クラスの代表としてしっかりと意見を出すことができました。自分たちだけでなく、低学年の子も楽しめるようにという発言をすることができたのが、大変立派でした。

運動会を成功させるための話合いでは、下級生や、地域の方々のことを考えた意見が言えました。

児童会活動に協力して楽しく活動できる子

たてわりグループの集会をとても楽しみにしていたので、リーダーの言うことを聞きながら、いろいろな学年の子と交流して、いきいきと活動していました。

たてわりグループごとのあいさつ運動では、笑顔いっぱいの学校にするために、進んで明るく元気な声であいさつをしていました。

○○委員会の一員として、意欲と責任をもって活動している子

図書委員会の仕事に積極的に取り組み、当番の日には自主的に本の貸し出しの

特別活動

仕事を行うことができました。みんなが本を借りやすいように本棚の整頓を心がけたり、おすすめの本の紹介をしたりと、意欲的な活動ぶりでした。

スポーツ委員会の人たちが、体育器具庫の整理をしているのを見て、自分たちもボールなどをきちんと返そうと、みんなに呼びかけていました。

3 クラブ活動

自分の希望のクラブに入り、意欲をもって活動している子

「今日のクラブでは○○をするんだ」と目を輝かせていました。クラブ見学に行った時から入りたかった○○クラブに入り、活動を楽しんでいます。

第一希望の○○クラブに入り、本人の興味や特技を十分に生かして、意欲的に取り組むことができました。

クラブの計画段階で、他学年の児童と協力して活動できる子

○○クラブの活動計画を話し合った時に、「みんなが楽しくなるように」とメンバー全員のことを考えた発言をしました。その素直さに高学年の児童からも賛同を得られ、より意欲的に計画づくりに参加することができました。

○○クラブの前期の計画を立てる時、自分がもっているアイデアを出して、高学年の子どもたちと協力して計画を立てることができました。

楽しく活動し、自分の技を磨いている子

いつもクラブのある日を楽しみにしています。上級生の活動に刺激され、「自分もあんなことができるようになりたい」と休み時間などにも練習に励んでいます。向上心が感じられました。

○○クラブの担当の先生やボランティアの方から、いろいろな運動技能を教えてもらい、楽しく活動していました。

活動の計画や準備を進んで行い、下級生の面倒やメンバーと協力して活動をしている子

必要な用具の準備や片づけを他学年の人たちと協力して行うことができました。また、友達が困っていると進んで手伝ってあげるという優しさも見られました。

○○クラブで、自分の持ち物を忘れずに用意したり、進んで活動の準備をしたりしてクラブのメンバーと協力して活動しました。

クラブ発表会で、普段の練習の成果を十分に発揮できる子

自分たちのクラブ活動のよさをアピールしようとクラブ発表会の準備をしていました。その甲斐あって、発表会では普段の活動の成果を十分に発表することができました。

クラブ発表会では、○○クラブの高学年の子どもたちと一緒に計画を立てたり、練習をしたりして当日も堂々と発表することができました。

クラブ発表会の計画を立てる際に、自分たちの活動のよさをアピールしようと楽しいアイデアを出すことができました。そのための準備や練習を高学年の人たちと協力しながら積極的に行うこともできました。来年はよきリーダーとしてさらに活躍が期待されます。

○○クラブの発表会の相談の時、発表の内容や発表の仕方についてよい意見を出し、メンバーと協力して取り組むことができました。

4 学校行事

入学式で新入生を迎える歌や呼びかけの練習をがんばった子

入学式では新入生を迎える呼びかけの係に立候補しました。休み時間にも一生懸命に練習し、当日はみんなの前で大きな声でしっかり行うことができました。

入学式のお迎えの合奏の練習を熱心にしています。「新1年生のために」という心の表れですね。当日も大きな声であいさつができました。

遠足で意欲的に取り組み、その成果を十分に発揮できる子

遠足の班長に立候補し、見学のルートを考えたり、班の旗をつくったり積極的に活動しました。当日も友達と協力しながら、楽しい遠足になるようにがんばっていました。

遠足のグループを自分たちの力で決められます。よく考えられた公平な分け方で感心しました。バスの中のレクリエーションも計画し、みんなを楽しませていました。大事な力がついてきていると思います。

学習発表会で、友達と協力して楽しく発表や鑑賞ができた子

学習発表会では合奏のグループに入り、休み時間にも練習に励む姿を見かけました。友達と協力しながら演奏し、当日は楽しく発表することができました。

学習発表会の実行委員として責任を果たしています。自分たちの発表だけでなく、全体のことを考えた行動が取れることに感心しています。幕間でのゲームも友達と協力して楽しくできました。

学習発表会では、自分の役の練習に励み楽しく発表することができました。感想文には自分の発表のことだけでなく、他のクラスの発表内容にも関心をもち、そのよさについて書いてありました。

朝会で話をよく聞き、その内容を自分に返して考えることができる子

朝会ではまっすぐに前を向き、話をしている人の顔を真剣に見ています。また、話の内容から自分の生活を振り返り、よりよくしようとする姿が見られました。

朝会ではいつもまっすぐに話す人を見て、よく聞いています。1つ1つのことを自分のこととしてとらえ、よりよく生活しようとがんばる姿は見ていて気持ちがよいです。

運動会で意欲的に取り組み、自分の力を発揮している子

運動会の「ソーラン節」では、メリハリのある動きで、積極的に表現し、練習の成果を十分に発揮していました。いきいきとした表情で、本当に楽しそうな○○さんでした。

運動会の「綱引き」では、練習の時からチームワークの大切さを伝えていました。みんながその考えに賛同していました。

特別活動

執筆者紹介

[編集責任]

二宮龍也	元・神奈川県小田原市立大窪小学校／詩人／「未来の子どもを育む会」代表
府川　孝	元・神奈川県小田原市立東富水小学校／国語教育研究会「こゆるぎ会」会長
小菅克己	元・神奈川県小田原市立報徳小学校／「全国国語授業研究会」顧問

[執筆者] (五十音順)

神谷啓之	神奈川県小田原市立東富水小学校
川上美穂	神奈川県厚木市立三田小学校
北村ひかり	神奈川県小田原市立三の丸小学校
久保寺桃子	神奈川県小田原市立久野小学校
釼持ゆか	神奈川県小田原市立新玉小学校
近藤基子	神奈川県小田原市立報徳小学校
里見由紀	神奈川県湯河原町立湯河原小学校
柴田典子	神奈川県小田原市立三の丸小学校
竹内雅己	神奈川県小田原市立豊川小学校
田中　潤	神奈川県相模原市立上溝南小学校
田中琢世	神奈川県小田原市立芦子小学校
田中　靖	神奈川県小田原市立酒匂小学校
垂水宏昌	神奈川県小田原市立三の丸小学校
津田和彦	神奈川県大井町立大井小学校
鶴井絵里	静岡県小山町立足柄小学校
永井直樹	神奈川県座間市立旭小学校
長山あかね	神奈川県小田原市立三の丸小学校
野田あらた	神奈川県真鶴町立まなづる小学校
星嵜優子	神奈川県小田原市立豊川小学校
峰　裕文	神奈川県小田原市立東富水小学校
宮川由大	神奈川県小田原市立芦子小学校
宮田泰範	神奈川県小田原市立国府津小学校
物部典彦	神奈川県小田原市立報徳小学校
府川奈央	神奈川県秦野市立渋沢小学校
和田大輔	神奈川県小田原市立富水小学校

※所属は令和2年6月現在

[編集協力]
株式会社ナイスク　http://naisg.com
松尾里央／岸 正章／大島伸子／内海舜資

[装丁]
中濱健治

[本文デザイン]
株式会社キガミッツ　http://kiga3.jp
森田恭行／森田 龍／高木瑶子

[イラスト]
おおたきまりな

【CD-ROMの使用に当たって】

必要動作環境：CD-ROM を読み込むことができるパソコンでお使いいただけます（推奨OS：Windows 10）。処理速度の遅いパソコンでは開くのに時間がかかることがあります。

※本書は著作権上の保護を受けています。本書の一部あるいは全部について、株式会社東洋館出版社及び著作権者の許諾を得ずに無断で複写・複製することは禁じられています。ただし、購入者が本書を通知表等の記入に使用する場合は、この限りではありません。ご使用の際、クレジットの表記や個別の使用許諾申請も必要なく、著作権料を別途お支払いする必要もありません。ただし、以下の行為は著作権を侵害するものであり、固く禁止されていますので、ご注意ください。「素材データの販売・複製」「素材データによる商品の製作・販売」「Web 上における再配布行為」「素材データの商標登録」「営利目的での使用」。

※付属CD-ROM を紛失・破損した際のサポートは行っておりません。また、付属CD-ROM に収録したデータ等を使用することで起きたいかなる損害及び被害につきましても著者及び（株）東洋館出版社は一切の責任を負いません。

小学校中学年　子どもの学びが深まる・広がる

通知表所見文例集

2020（令和2）年 7月22日　初版第1刷発行
2024（令和6）年 7月 3日　初版第4刷発行

著　者───評価実践研究会

発行者───錦織圭之介

発行所───株式会社 東洋館出版社

　　　　　〒101-0054　東京都千代田区神田錦町2丁目9番1号
　　　　　　　　　　　　　　　　コンフォール安田ビル2階
　　　　代　表　TEL：03-6778-4343
　　　　　　　　FAX：03-5281-8091
　　　　営業部　TEL：03-6778-7278
　　　　　　　　FAX：03-5281-8092
　　　　振　替　00180-7-96823
　　　　Ｕ Ｒ Ｌ　https://www.toyokan.co.jp

印刷・製本─藤原印刷株式会社

ISBN978-4-491-04107-0　　Printed in Japan